LES

MIGRATIONS DES PEUPLES

ET PARTICULIÈREMENT CELLE

DES

TOURANIENS

IMPRIMERIE J. CLAYE — RUE SAINT-BENOIT 7 — PARIS

LES
MIGRATIONS DES PEUPLES

ET PARTICULIÈREMENT CELLE

DES

TOURANIENS

PAR

CH. E. DE UJFALVŸ DE MEZÖ-KÖVESD

DOCTEUR EN PHILOSOPHIE, AGRÉGÉ DE L'UNIVERSITÉ
PROFESSEUR AU LYCÉE HENRI IV

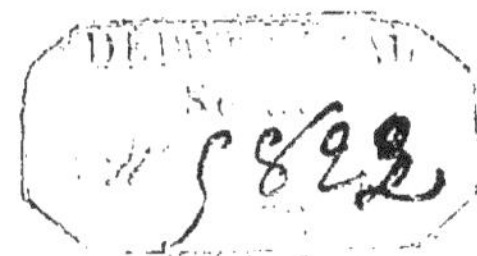

« Ex oriente lux. »

PARIS

MAISONNEUVE ET Cⁱᵉ, LIBRAIRES-ÉDITEURS

15, QUAI VOLTAIRE, 15

1873

A SON EXCELLENCE

M. LE CHEVALIER DE HAUSLAB

Feldzeugmeister dans l'armée Autrichienne

Conseiller aulique et intime

Membre de la Chambre haute, etc.

HOMMAGE RESPECTUEUX DE L'AUTEUR

AVANT-PROPOS

Il existe une antiquité finnoise; et si les plus précieux de ses monuments sont demeurés longtemps oubliés et comme enfouis sous la poussière des siècles, il s'est rencontré de nos jours des savants hardis et infatigables qui ont su, par de longues et patientes recherches, les faire reparaître au jour et les signaler à la juste admiration de la postérité.

La plus remarquable de ces découvertes est celle du poëme du *Kalevala,* rétabli, reconstruit pièce à pièce par le génie de l'illustre Lönnroth. Ce magnifique poëme nous transporte aux temps fabuleux où prirent naissance les légendes du peuple finlandais, qui, depuis dix siècles, habite sur le littoral de la Baltique un pays accidenté, couvert de lacs, coupé de rivières, et presque constamment enveloppé d'un épais brouillard. C'est la brume du Nord, la brume d'Ossian; et de ses flots vaporeux est sortie une poésie douce et énergique, mélancolique et sauvage, qui constitue le caractère particulier du chef-d'œuvre finnois.

Quelle vie anime toutes ses pages, quel intérêt inspirent les héros dont il chante les actions merveilleuses! Voici d'abord le vieux Wäinämöinen, l'Orphée du Nord, qui doit à l'harmonie de ses accents et à la sage éloquence de ses paroles l'honneur d'occuper la première place dans le poétique pays de *Kaleva*. Sous nos yeux ravis passent ensuite l'habile Illmarinen, son frère, le Vulcain de cette étrange mythologie, le forgeron du fameux *Sampo* que convoitent les habitants de la pauvre et aride Pohjola ; puis Joukahainen, qui personnifie la gaieté, l'insouciance, et dont la joyeuse figure forme le plus aimable contraste avec la suave mélancolie de l'Orphée finlandais ; enfin la sombre Louhi, la reine du grand pays de Pohjola, où les héros finnois vont, comme les Argonautes en Colchide, chercher et conquérir le talisman que se disputent les deux pays.

Toutes les nations d'origine touranienne salueront avec enthousiasme la résurrection de ce chef-d'œuvre, et ses sublimes beautés iront plus particulièrement à l'âme du peuple magyar : le Hongrois, frère du Finlandais, retrouvera dans les récits et les peintures de cet admirable poëme les mélancoliques accents et les étincelles de folle gaieté qui le ravissent, qui le passionnent dans sa poésie nationale.

Pour recueillir de hameau en hameau, dans les chants des bardes ou sur les lèvres du simple paysan les fragments épars du *Kalevala*, et reconstituer si brillamment cette grande épopée finnoise, il fallait le génie d'un poëte; et l'illustre Lönnroth était passé maître dans l'art divin qui devait inspirer l'auteur d'une pareille entreprise.

Vers la même époque, un enfant du pays de Kaleva, le savant Castrén voulut contribuer aussi à l'illustration de son pays. Moins curieux des légendes au travers desquelles apparaissaient vaguement les origines du peuple finnois, il parcourut, voyageur infatigable, l'immense contrée qui s'étend de la Baltique à l'Oural, suivit les rives des grands fleuves de la Sibérie, séjourna au milieu des peuples sauvages, affronta mille dangers, vainquit mille obstacles, et ne recula devant aucun sacrifice pour découvrir le berceau de ses ancêtres.

Tant de labeurs ne demeurèrent pas stériles : Castrén rapporta de ses voyages une connaissance merveilleuse des langues touraniennes ; et, grâce à ce hardi explorateur, à cet éminent philologue, nous possédons aujourd'hui une grammaire de presque tous ces idiomes.

Un tel homme n'avait-il pas le droit de dire : «Nous sommes fils de nos œuvres; la postérité nous jugera sur nos actions et non sur celles de nos pères. » Il aurait pu ajouter, en se proposant lui-même pour exemple : « Peuple finnois, ne demande pas la gloire à un passé légendaire, mais au présent et à l'avenir. » La Finlande s'honorera éternellement d'avoir donné le jour à un savant de ce mérite; et, sur les traces d'un pareil maître, les jeunes philologues, marchant d'un pas assuré dans la carrière qu'il leur a ouverte, agrandiront encore le domaine de la grammaire comparée des idiomes touraniens.

Après la poésie et la linguistique vint l'histoire. Koskinen suivit la route tracée par Porthan et Agricola ; et son dernier ouvrage, publié il y a dix ans, abonde en documents précieux, en découvertes importantes, digne récompense de ses longues et minutieuses recherches.

La méthode adoptée par Koskinen est celle que Kruse, le savant conseiller russe, a inaugurée en 1826 dans son travail sur les origines et l'histoire des Esthoniens.

Cette méthode nous a paru également convenir à la rédaction du présent ouvrage.

Nous parlerons d'abord des migrations des Touraniens et cette partie de notre livre se divisera en deux chapitres. Le premier aura pour objet l'examen des sources historiques — grecques, latines, byzantines, arabes, — sources auxquelles il faut puiser pour connaître les origines de la race touranienne, ainsi que la géographie du nord de l'Europe dans l'antiquité et au moyen âge. Notre second chapitre sera consacré à exposer les migrations des Touraniens en établissant nos démonstrations sur les données de l'histoire. Quelques cartes aideront à l'intelligence de ces deux premiers chapitres.

L'autre partie de ce livre traitera de la migration des Noachides et plus particulièrement de celle des Aryens ; et nous y parlerons des recherches faites sur le tableau ethnographique de la Bible.

Cette seconde partie sera divisée en trois chapitres. Nous y reproduirons ce que nous avons exposé déjà dans un précédent volume, mais en élargissant le cadre et en ajoutant de nombreuses cartes.

Nous ne terminerons pas cet avant-propos sans reconnaître hautement tout ce que nous devons aux savants entretiens de M. de Hauslab ; et nous nous faisons un devoir de déclarer que les principales cartes de cet ouvrage ont été tracées de sa main. Nous compilons, il est vrai, nous répétons ce que Castrén, Kruse, Müller et Hunfalvi ont dit avant nous, et avec tant d'autorité ; mais, si modeste que soit notre part dans l'exécution de ce travail, nous croyons avoir mérité la bienveillante attention des philologues, ne fût-ce que par les efforts consciencieux dont ils trouveront partout la preuve.

L'Auteur.

16 mai 1873.

LA MIGRATION

DES

TOURANIENS

« Il est bien naturel qu'ils sacrifient au plus rapide des dieux le plus rapide des êtres vivants. »
(Hérodote, sur les *Massagètes*, liv. Ier.)

PREMIÈRE PARTIE.

I. — LES ORPHIQUES ET HÉRODOTE.

Avant d'étudier la migration des Touraniens, il est indispensable d'examiner les récits que les auteurs grecs, romains, byzantins, etc., nous ont laissés sur la géographie et l'ethnographie de l'Europe septentrionale; car c'est dans le nord et le nord-est de cette partie du monde que nous rencontrons depuis les temps les plus reculés une grande partie des peuples de la race touranienne altaïque.

Jetons d'abord un regard rapide sur les Orphiques, dont la valeur historique a été si souvent contestée.

Nous pensons qu'en principe les légendes de l'antiquité grecque ainsi que les *Sagas* des premiers habitants des pays scandinaves renferment des données précieuses pour l'histoire des peuples touraniens, dont l'origine se perd dans la nuit des temps.

Que l'auteur des Orphiques soit le vieux barde Thrace lui-même, ou Onomacritos, ou un chrétien mystique, peu importe; ce qui est certain, c'est que les Grecs ont entendu parler d'une communication fluviale reliant la mer Caspienne et la mer Noire à l'Océan septentrional. Cette légende s'explique assez facilement quand on considère la largeur de l'embouchure du Rha (Volga) et des autres fleuves qui se jettent dans la mer Noire et dans la mer Baltique.

L'existence d'une route commerciale longeant le Phase, franchissant le Volok, côtoyant le Cyrus (Kur), et aboutissant à la mer Hyrcanienne (Caspienne), pour rejoindre de l'autre côté de cette mer la grande route royale des Bactriens, explique bien la tradition antérieure à Hérodote, d'après laquelle la mer Caspienne était une mer isolée. Et comment Hérodote aurait-il pu nous renseigner sur l'étendue et la configuration de cette mer, comment aurait-il pu parler de ce fleuve considérable qui

s'y jette par de nombreuses embouchures, si, avant
lui, quelque Grec de distinction n'avait pas visité
ces contrées, et mesuré, d'une manière sans doute
approximative, les distances et les contours qu'il
évalue et décrit dans son histoire.

Hérodote avait donc connaissance du prolonge-
ment de cette voie commerciale par le cours du
Volga; mais, bien avant lui, Aristéas de Proconnèse
avait déjà visité les pays des Gripphons, des Argy-
péens et des Issédons près des monts Ourals
« riches en mines d'or »; et même il parlait aux
Grecs des Hyperboréens que Ptolémée place près du
golfe de Finlande, l'ancienne *mare Veneda*. Il est
vrai que plus tard Hérodote convient lui-même que
personne n'a pu voir de ses propres yeux ces contrées du Nord et qu'Aristéas n'était allé que chez
les Issédons. Néanmoins l'étude de ces différentes
légendes établit d'une manière certaine que la
fameuse route commerciale du sud-est au nord-
ouest était déjà connue du temps d'Hérodote, et que
les habitants du nord de l'Europe en faisaient usage.
Cette voie était d'ailleurs le chemin le plus court
pour se rendre de l'Orient dans l'Europe centrale.

Le magnifique bassin du Volga facilitait les
expéditions de ces audacieux commerçants, fournissait aux colons des moyens de subsistance, se

prêtait à la création d'établissements favorables pour étendre leur commerce jusque dans l'intérieur des pays limitrophes, et leur ménageait de sûres communications avec la mère patrie. Sur cette route nous rencontrons de nombreux peuples que l'histoire nous fait connaître plus tard d'une manière précise.

Ainsi, selon les Orphiques, les Argonautes, après avoir quitté leur point de départ, la Colchide, s'avancent vers l'est et arrivent sur les bords du fleuve Araxe (nom qu'Hérodote donne aussi au Volga). Ils rencontrent là les Méotes, les Gélons, les Sauromates, les Gètes, les Gymnées, les Arsopes et les Arimaspes, ensuite ils naviguent sur un canal étroit (probablement le Volga dont le lit se rétrécit entre les montagnes), et ils atteignent les pays des Pètes, des Séliens, des Scythes, des Tauri et des Hyperboréens.

Sans doute, il ne faut pas demander aux vers des Orphiques des notions géographiques bien exactes; mais il y aurait légèreté à ne pas tenir compte de ces anciennes légendes, quelle que soit l'époque de leur apparition.

Au temps d'Alexandre le Grand, il semblerait que la vaste contrée qui s'étend entre la mer Noire et la mer Baltique se fût subitement rétrécie, car

elle ne figure plus, sur les cartes de cette époque,
que sous la forme d'un isthme étroit coupé d'un
canal qui réunit les deux mers. C'est que la science
géographique est en décadence, et que bien des
notions se sont perdues depuis Hérodote. Bien plus
tard la *tabula peutingeriana* nous fournit l'exemple
le plus frappant de ces affaiblissements successifs
des connaissances géographiques.

Si donc les Orphiques étaient l'œuvre apo-
cryphe de quelque philosophe chrétien, comment ce
philosophe eût-il pu mieux connaître la géographie
des pays du Nord que tous ses contemporains?
Comment eût-il pu abonder dans le sens d'Hérodote,
lorsque l'opinion contraire faisait foi dans le monde
civilisé? Ajoutons que même le célèbre chroniqueur
russe Nestor paraît avoir ignoré l'existence d'une
vaste étendue de terrain qui sépare ces deux mers,
et qu'il croyait qu'un large canal maritime les
reliait entre elles.

Nous devons en conclure que les Orphiques
sont d'une bien plus ancienne date qu'on ne le
pense généralement.

Revenons au voyage des Argonautes. D'après
les Orphiques, ils arrivent dans la mer Baltique, la
mer Morte, la *Morimarusa* des Slaves. Le poëme
nous décrit alors les peuplades sauvages qui

habitaient les bords de cette mer, il parle des Hyperboréens que connaissaient même les Hindous[1], que Pomponius Méla[2] appelle les plus justes des adorateurs des dieux, et dont la vie heureuse est chantée par Pindare[3] en termes magnifiques.

Les Orphiques font aussi mention des Cimmériens, des Hermions et des Jerniens que Kruse assimile aux Scandinaves, aux Germains et aux Ibériens de l'Irlande.

Homère et Hésiode avaient une connaissance plus imparfaite de ces pays du Nord; mais ils savaient aussi tous deux que la terre était entourée de tous côtés par la mer[4], et ils avaient une idée de ces contrées, grâce probablement au commerce de l'ambre que faisaient les Phéniciens. Ils placent cet océan au sud du Danube qu'Hésiode appelle l'Ister « coulant avec beauté ».

Des peuples du Nord, Homère ne connaît que les Mysiens, les Hippemolges, les Galactophages et les Abiens, « les plus justes des hommes[5] ». Plus

1. Au dire de Mégasthène, de Simonide et de Pindare (voir Strabon, xv, p. 711).

2. Méla, *de situ orbis,* III, 5.

3. Pindare, *Pyth.,* X, 55-68.

4. Hésiode, *Scutum Hercul.,* et Homère, *Ilias,* XVIII, 607 et 608.

5. Homère, XIII, 5 et 6.

loin, il cite, comme les Orphiques, les Cimmériens dont le pays se perdait dans la brume et les ténèbres. Hésiode et Eschyle, eux-mêmes, connaissaient les Hippemolges [1] que plusieurs savants assimilent aux Scythes, et que Kruse prend pour les Bachkires d'aujourd'hui, ce qui nous paraît peu probable.

Mais c'est Hérodote qui, sans contredit, nous fournit les plus précieux renseignements sur ces pays et leurs habitants.

» Quel esprit fin et judicieux que cet historien grec, qui parle de tout avec une prudente réserve, et qui n'affirme jamais une chose sans l'avoir vue de ses propres yeux. Aujourd'hui, le doute n'est pas permis sur sa véracité et sur sa prodigieuse exactitude. Et de combien il est supérieur sous ce rapport au vaniteux Strabon, qui se permettait de mettre en doute les assertions de son grand devancier !

On sait que les Hellènes étaient poussés par le *Ver Sacrum* à coloniser les pays les plus éloignés il ne faut donc pas s'étonner de les voir fonder l'importante colonie d'Olbie (Miletopolis) sur les bords du Borysthène; et c'est par les habitants de cette ville, qu'on appelait Callipides, qu'Hérodote a

____

1. Ainsi nommés parce qu'ils vivaient du lait de leurs cavales et en faisaient des fromages. (Strabon, I, c.)

dû recevoir ses plus précieuses indications [1]. La proximité des peuples barbares et surtout celle des Scythes mettait ces Grecs à même d'obtenir de première main tous ces renseignements.

C'est de cette ville que nous semble être parti Aristéas pour faire son fameux voyage dans le pays des Issédons ; et ce qui nous confirme dans cette opinion, c'est qu'Hérodote est amené à parler d'Aristéas précisément par la description qu'il nous donne de la ville d'Olbie [2].

On aurait tort de penser que les historiens grecs nous ont laissé des renseignements détaillés sur les colonies que les Grecs avaient fondées et échelonnées dans l'intérieur des pays barbares. La géographie proprement dite ne fut jamais leur affaire. Scylax Scymnus, l'auteur anonyme du *Périple du Pont-Euxin,* et Arrien ne nous donnent presque pas de détails. C'est seulement Strabon qui nous décrit d'une manière satisfaisante, dans la limite de ses connaissances, l'intérieur de ces pays. Plus tard Ptolémée, Agathodémon et Maxime de Tyr nous fournissent une quantité de détails dont il n'est fait

----

1. Sénèque rapporte que la langue macédonienne se parlait encore de son temps sur les bords de l'Indus. (Sénèque, *Consolatio ad Helv.,* V, p. 4.)

2. Hérodote, IV, 13-16.

fait mention dans aucun autre historien ou géographe.

Néanmoins il ne faut pas oublier que l'habitude des Romains qui consistait à modifier les noms barbares pour satisfaire à l'exigence de leur oreille délicate, se remarque également chez les Grecs : la préoccupation de l'euphonie les portait à faire subir de notables modifications aux noms barbares de leurs contemporains [1].

Hérodote ne connaît pas encore toutes les villes citées plus tard par Ptolémée, mais il parle d'une manière bien précise, de Gélonos, ville qu'il décrit dans ses moindres détails. Nous pensons que les Budins, dans le pays desquels se trouvait cette ville, étaient les anciens Finnois, c'est-à-dire ceux qui habitent aujourd'hui la Finlande proprement dite. Quant aux Sauromates, sur l'origine desquels Hérodote raconte une fable ingénieuse, c'étaient des peuples slaves. Les savants modernes en conviennent, mais ils ne sont pas du même avis quant aux Scythes. Pourtant Hérodote dit : « Le fond de la langue des Sauromates est scythe, mais c'est un scythe ancien et mêlé de solécismes, etc., » ce

____

1. Voir l'ouvrage de Humboldt : *Prüfung der Untersuchungen über die Urbewohner Hispaniens vermittelst der vaskischen Sprache*. Berlin, 1821. F. Dümmler.

qui indiquerait que les Scythes et les Sauromates étaient proches parents, sinon le même peuple.

Où les récits d'Hérodote sont surtout précieux au point de vue de nos recherches, c'est quand il décrit l'expédition de Darius contre les Scythes. Le roi des Perses, après avoir franchi l'Ister, suivit les côtes du Pont-Euxin, et traversa ensuite le Tanaïs. Il arriva dans le pays des Budins, où il brûla la fameuse ville de Gélonos, ville qui pourrait bien être le Jelenskaja d'aujourd'hui. Darius, toujours à la poursuite des Scythes, sans pouvoir jamais les atteindre, se dirige vers le nord-ouest, et rencontre le peuple des Melanchlænes, que Kruse assimile aux Esthoniens, ce qui nous paraît parfaitement vraisemblable.

Il est certainement étrange que cette population porte encore aujourd'hui de préférence des manteaux et des vêtements noirs, usage qui lui a valu son nom de Melanchlænes. Le peuple des Esthoniens n'a pas encore aujourd'hui de nom proprement dit; il s'appelle lui-même Maa-mees ou hommes du pays. Les Germains les appellent Esthoniens, et les Russes Tchoudes ; le lac de Peipus porte encore aujourd'hui le nom de *Tschudskœ osero* ou mer Tchoude.

Après les Melanchlænes, Darius rencontre les

Androphages, les Neures et les Agathyoses, qui,
protégés par les montagnes de la Transylvanie, ont
pu lui résister et défendre l'accès de leur pays. Darius se dirige enfin vers le Danube, où il cherche à
retrouver le pont qu'il avait fait construire pour son
armée, et qu'il avait confié pendant son absence à
la garde des auxiliaires grecs.

Kruse, suivant la marche de Darius et arrivant
aux Melanchlænes, entre dans de nombreux et intéressants détails. Hérodote dit lui-même que les Melanchlænes n'étaient pas une population scythique,
et il ajoute qu'au nord de leur pays il n'y avait que
des lacs et un désert inhabité. C'était donc là la
Finlande d'aujourd'hui, Fennen- (ou Seen-) Land,
en allemand, et Suoma (pays des lacs) en finnois;
mais cette dernière étymologie n'est pas suffisamment prouvée.

Pendant que Darius envahissait leur pays, une
partie des Melanchlænes s'est retirée dans cette
contrée couverte de lacs, et Lönnröth trouve encore
aujourd'hui une confirmation de ce fait dans cette
circonstance que les Esthoniens de nos jours sont
bien plus proches parents des Finnois du Sud que
de ceux du Nord et des Livoniens.

Il est certain qu'Hérodote connaissait les frontières septentrionales du pays des Melanchlænes,

c'est-à-dire, il savait qu'il y avait là une mer (le golfe de Finlande) ; témoin le passage suivant : « Au surplus, Aristéas de Proconèse, fils de Caustrobius, et poëte épique, rapporte dans ses vers que, cédant aux inspirations d'Apollon, il s'était rendu chez les Issédons, et qu'il y avait appris qu'au delà de leur pays habitaient les Arimaspes ; qu'au delà de ces derniers on trouvait les Gryphons, gardiens des mines d'or, et qu'enfin au delà du pays des Gryphons vivaient les Hyperboréens, qui touchent à la mer [1], qu'enfin les Cimmériens, habitant sur les bords de la mer méridionale, poussés par les Scythes, avaient abandonné leur patrie..., etc. » Ces détails nous prouvent suffisamment qu'Hérodote connaissait la mer dont Ptolémée parle plus tard d'une manière précise [2].

A un autre endroit, parlant de l'Araxe, Hérodote

---

1. « ...Il ajoute que ces peuples divers, à l'exception des Hyperboréens, sont continuellement en guerre avec les nations qui leur sont limitrophes, et que cesont les Arimaspes qui ont commencé les hostilités ; qu'à la suite de ces guerres, les Issédons avaient été chassés de leur pays par les Arimaspes, et qu'à leur tour les Issédons avaient chassé les Scythes de celui qu'ils occupaient ; qu'enfin, les Cimmériens, habitant sur les bords de la mer méridionale, poussé par les Scythes, avaient abandonné leur patrie ; mais sur ces faits, et sur le pays même, Aristée n'est pas d'accord avec les Scythes. » — Hérodote, l. IV, xiii.   (Trad. Miot.)

2. Ptol., *Géogr.*, III, C. 5. L. i, 202.

dit : « L'Araxe est un fleuve plus grand, selon les uns, moins considérable, selon les autres, que l'Ister... » et plus loin : « L'Araxe a sa source dans les monts Matiéniens, et se décharge par quarante embouchures, dont toutes, à l'exception d'une seule, se perdent dans des marais et des lagunes... La seule branche de l'Araxe, qui ne se confonde point avec les marais, s'ouvre dans la mer Caspienne. Cette mer existe par elle-même et sans communications avec aucune autre ; tandis que celle sur laquelle les Grecs naviguent, ainsi que l'Atlantique situé au delà des Colonnes d'Hercule, et la mer Erythrée, se communiquent et n'en font réellement qu'une seule. »

Mais Hérodote avait beau répéter la vérité, il ne rencontrait que des incrédules ; et, jusqu'à la *tabula Peutingeriana*, nous entendons toujours parler de ce fameux canal qui reliait la mer Caspienne et la mer Noire à la mer Baltique.

Le cent quinzième chapitre du IIIe livre d'Hérodote nous prouve que cet historien avait déjà entendu parler de l'ambre et d'un fleuve Eridan où l'on trouvait cette précieuse substance ; mais ne pouvant citer un témoin oculaire Hérodote nous en parle avec cette réserve qui caractérise toutes ses assertions.

✔ Nous en concluons que de son temps le commerce d'ambre ne se faisait pas encore par la voie de terre en partant d'Olbie ; et le passage où il parle de ces pays du Nord en fait foi : « Enfin, les Scythes assurent que lorsqu'on est parvenu aux confins de leur territoire vers le Nord, il est impossible de pénétrer ni même de rien voir au delà, à cause de la quantité innombrable de plumes qui voltigent. Ils prétendent que l'air et la terre en sont tellement remplis, que la vue même est interceptée [1]. »

Mais Hérodote en connaît davantage. A la suite de ce désert, en inclinant un peu vers l'Orient, sont les Thyssagètes, nation nombreuse et indépendante, qui vit de la chasse.

Sur les confins de ce dernier peuple, et dans la même contrée, habitent les Jyrques.

... Au delà des Jyrques, en tournant vers l'Orient, habite une peuplade qui, après s'être séparée des Scythes royaux, est venue se fixer dans cette contrée [2]. Ensuite, un peuple, qui est connu

1. Hérodote, l. IV, vii.

2. « Au delà des Budins, en allant au nord, se trouve d'abord un désert, qui a sept journées de marche en profondeur. A la suite de ce désert, en inclinant un peu vers l'orient, sont les Thyssagètes, nation nombreuse et indépendante, qui vit de la chasse. Limitrophes à ce dernier peuple, et dans la même contrée, habitent les

sous le nom d'Argippéens[1], que Kruse assimile aux
Bachekirs ou Kalmuks, et plus loin encore les
Ægypodes, d'après Kruse, les Ostiaks. Au delà de
Jyrques, qui vivent également de la chasse, mais qui la font d'une
manière particulière. Le chasseur monte sur un arbre, où il se
met à l'affût (les arbres abondent dans tout le pays); il tient près
de lui un cheval instruit à se coucher sur le ventre, pour paraître
le moins possible au-dessus du sol, et un chien dressé. Quand
l'animal passe sous l'arbre, le chasseur lui décoche une flèche
et saute promptement à cheval pour le poursuivre, tandis que le
chien se met sur les voies. Au delà des Jyrques, en tournant
vers l'orient, habite une peuplade qui, après s'être séparée des
Scythes royaux, est venue, à la suite de sa défection, se fixer
dans cette contrée.» — Hérodote, l. IV, xxii.

(Trad. Miot.)

1. « Jusqu'au territoire occupé par cette peuplade, tout
le pays que nous avons successivement décrit est entièrement
plat et très-uni ; mais, à partir de ce point, il devient pierreux
et montueux. Lorsqu'on a voyagé pendant longtemps sur ce
terrain difficile, on trouve une nation qui habite au pied d'un
mont très-élevé. Tous les individus qui la composent, hommes
ou femmes, sont chauves de naissance, ont le nez aplati et les
joues épaisses. Ils s'habillent à la manière des Scythes, mais parlent une langue particulière, et tirent leur nourriture des arbres.
Celui qui leur en fournit le plus abondamment se nomme *Pon-
tique* ; il est à peu près de la grandeur d'un figuier, et porte un
fruit de la figure d'une fève, renfermant un noyau. Lorsque ce
fruit a atteint sa maturité, ils le mettent en presse, et en expri-
ment, à travers une étoffe, un suc visqueux, de couleur noire,
qu'ils nomment *Aschy*. Ils sucent cet extrait ou le mêlent avec
du lait pour le boire. De la partie épaisse, qui reste sous le
pressoir, ils forment des gâteaux dont ils se nourrissent. Comme
ils manquent de bons pâturages, ils ont peu de troupeaux. Chacun
d'eux a sa demeure sous un arbre ; l'hiver, il y suspend une cou-

ces peuples, qui appartiennent déjà un peu aux légendes, Hérodote nous parle d'un pays où l'air était rempli de plumes, c'est-à-dire de flocons de neige, et puis d'un autre où les habitants dormaient six mois de l'année; c'est certainement là une exagération du voyageur, et qui s'explique quand on songe aux longues nuits qui règnent dans le voisinage des pôles.

La description de l'hiver dans ces pays est

verture blanche de poils feutrés, et l'enlève en été. On les regarde tous comme des êtres sacrés, et personne n'oserait leur faire injure; aussi l'on ne voit chez eux aucune arme de guerre. Ils sont même ordinairement pris pour juges des différends qui naissent entre leurs voisins; et si un homme banni de sa patrie se réfugie sur leur territoire, son asile est respecté. Ils sont connus sous le nom d'Argippéens.

« Tout le pays jusqu'à celui qui est occupé par cette nation chauve, ainsi que les peuples placés sur la route, sont assez bien connus par les renseignements qu'il est facile de tirer des Scythes qui visitent la contrée, et même des Grecs qui s'y rendent du comptoir des Borysthénistes ou des autres ports du Pont-Euxin. Dans ces voyages, les Scythes, pour traiter de leurs affaires, sont obligés d'avoir jusqu'à sept différents interprètes : on compte autant de langues en usage chez ces diverses nations.

« Mais la connaissance du pays s'arrête à ce point. Il n'y a rien de certain à dire sur ce qui est au delà du peuple chauve : des montagnes élevées et impraticables ne permettent pas d'aller plus loin. Les Argippéens racontent cependant, mais je suis loin d'y ajouter foi, que des hommes qui ont des pieds de chèvre habitent ces montagnes; et que, après les avoir tra-

réellement remplie d'un charme poétique [1]. Les lignes suivantes du grand historien ne laissent enfin aucun doute sur la source authentique d'où il tirait ses précieux renseignements : « Tout le pays jusqu'à celui qui est occupé par cette nation chauve, ainsi que les peuples placés sur la route, sont assez bien connus par les renseignements qu'il est facile de tirer des Scythes qui visitent la contrée, et même des Grecs qui s'y rendent du comptoir des Borys-

versées, on trouve une autre race d'hommes qui dorment pendant six mois de l'année; pour moi, je n'admets rien de tous ces récits. Quant au pays situé à l'orient, il est habité par les Issédons et bien connu. Mais il n'en est pas de même de celui qui est au nord : il n'est connu ni des Argippéens ni des Issédons, et l'on n'en sait que ce qu'ils rapportent sur des traditions incertaines. » — Hérodote, l. IV, xxiii-xxv.

(Trad. Miot.)

1. L'hiver est très-rude dans tous les pays dont nous venons de parler. Le froid y est même si rigoureux que pendant huit mois de l'année l'eau que l'on jette sur la terre ne la délaye pas, et que ce n'est qu'en allumant du feu que l'on peut amollir le sol. Comme la mer même gèle ainsi que tout le Bosphore Cimmérien, les Scythes qui habitent en deçà du fossé campent souvent sur la glace, et y font passer leurs chariots pour se transporter jusque chez les Sindes. L'hiver dure ainsi huit mois, et pendant les quatre autres mois de l'année le froid est encore très-sensible. Cet hiver, comme on le voit, ne ressemble pas à celui qui s'observe partout ailleurs : les autres saisons ne diffèrent pas moins. Il pleut à peine pendant le printemps, et dans l'été il ne cesse de pleuvoir. A l'époque où le tonnerre se fait entendre ailleurs il ne tonne jamais, et dans l'été les coups de tonnerre se succèdent presque

thénistes ou des autres ports du Pont-Euxin. Dans ces voyages les Scythes, pour traiter dé leurs affaires, sont obligés d'avoir jusqu'à sept interprètes différents. On compte autant de langues en usage chez ces diverses nations. »

 Quelques chapitres plus haut, Hérodote dit au sujet des Melanchlænes : « Au delà de la Scythie royale, en allant vers le nord, on trouve les Melanchlænes, nation différente, qui n'est pas scythe... [1] » Plus loin : « Les Melanchlænes portent tous habi-

sans interruption ; mais s'il vient à tonner pendant l'hiver, cet événement est regardé comme une sorte de miracle ; enfin, un tremblement de terre, soit en hiver, soit en été, est, dans l'opinion des Scythes, un prodige. Les chevaux supportent la longueur de l'hiver ; les ânes et les mulets ne peuvent s'y accoutumer. Il est remarquable cependant que les chevaux qui vivent sur la glace y maigrissent promptement, tandis que les ânes et les mulets soutiennent mieux la gelée.»—Hérodote, l. IV, xxviii.

(Trad. Miot.)

[1]. Au delà du Gerrhus est le territoire royal. Le peuple qui l'habite forme la plus noble et la plus nombreuse de toutes les nations scythes, et regarde les autres Scythes comme des sujets. Leur territoire touche, au midi, la Tauride, et, à l'orient, s'avance d'un côté jusqu'au fossé que les enfants des esclaves aveugles avaient creusé, et de l'autre jusqu'au comptoir des Cremniens, situé sur le Palus-Méotide. Ils ont aussi des possessions sur le Tanaïs. Au delà de la Scythie royale, en allant vers le nord, on trouve les Melanchlænes, nation différente, qui n'est pas scythe. Enfin, au delà des Melanchlænes, on ne trouve, autant que nous le sachions, que des marais et un désert.» — Hérodote, l. IV, xx.

(Trad. Miot.)

tuellement des manteaux de couleur noire, et c'est de cet usage qu'ils ont tiré leur nom [1]. » Et à un autre endroit : « Ces divers peuples ont des coutumes particulières que je ne dois point taire... [2] » De ces deux derniers passages d'Hérodote, Kruse conclut que les Melanchlænes avaient les mêmes

1. Hérodote, liv. IV, cvii.

2. Ces divers peuples ont des coutumes particulières que je ne dois point taire. Les Taures sacrifient à une vierge ceux que la tempête jette sur leurs rivages, ainsi que tous les Grecs qui tombent entre leurs mains. Voici de quelle manière ils procèdent à ces sacrifices. Après avoir pris les auspices, ils immolent la victime en lui portant sur la tête un coup de massue. Ensuite, selon les uns, ils en séparent la tête pour l'attacher à une croix, et précipitent le corps du haut du rocher sur lequel le temple est bâti. D'autres sont bien d'accord sur ce que l'on fait de la tête de la victime, mais prétendent qu'ils ne précipitent point le corps, et qu'ils l'enterrent. Les Taures disent que la divinité à laquelle ils offrent ces sacrifices est Iphigénie, fille d'Agamemnon. Leurs guerriers sont aussi dans l'usage de couper la tête aux ennemis qu'ils ont vaincus et la portent chez eux. Ils fixent ordinairement ces têtes sur un pieu très-élevé, qu'ils placent au-dessus de leur maison, particulièrement sur les conduits de la fumée, et disent que ce sont les gardiens de leur habitation. Ce peuple ne vit, d'ailleurs, que de la guerre et du pillage.

« Les Agathyrses ont, au contraire, des mœurs très-efféminées, et portent beaucoup d'ornements en or. Les femmes sont communes parmi eux ; et, comme ce mélange établit entre tous les individus une fraternité et une parenté réciproque, ils vivent dans une parfaite union, sans jalousie et sans haine. Pour le reste, leurs coutumes sont assez semblables à celles des Thraces.

mœurs que les Scythes. Il interprète même Hérodote de la manière suivante : « Les Melanchlænes portent tous des manteaux noirs, d'où ils ont tiré

« Les Neures vivent à la manière des Scythes, et ont les mêmes institutions. Une génération avant l'expédition de Darius, ils avaient été forcés de quitter la contrée qu'ils habitaient, pour fuir le grand nombre de serpents qui s'y étaient répandus. Ces animaux, venus des déserts qui sont au delà de leur pays, les avaient réduits à un tel état de misère, qu'ils avaient abandonné entièrement leurs terres pour se retirer chez les Budins. Les Neures passent, d'ailleurs, pour être très-adonnés à la magie ; les Scythes et les Grecs établis en Scythie prétendent même que chaque individu de la nation prend, une fois tous les ans, la figure d'un loup, sous laquelle il demeure pendant quelques jours, et qu'il revient ensuite à sa première forme. Je suis loin d'ajouter foi à de tels récits, cependant ceux qui les font n'épargnent pas les serments pour les affirmer.

« Les Androphages sont de tous ces peuples celui qui a les mœurs les plus féroces. Ils n'ont point d'idée de justice ou d'obéissance à aucune loi. Ils sont nomades, et s'habillent comme les Scythes; mais ils ont un idiome qui leur est propre. Parmi ces diverses nations, seuls ils mangent de la chair humaine.

« Les Mélanchlænes portent tous habituellement des manteaux de couleur noire; et c'est de cet usage qu'ils ont tiré leur nom.

« Les Budins forment une nation nombreuse et puissante. Ils se peignent le corps en bleu ou en rouge. On trouve chez eux une ville bâtie en bois, qui porte le nom de Gélonus. Chaque côté de la muraille qui l'enferme a trente stades de longueur, et cette enceinte fort élevée est entièrement construite en bois. Toutes les maisons sont également en bois ainsi que les temples. Ces temples sont consacrés à des divinités grecques,

leur nom ; mais ils vivent d'après les mœurs scy-
thiques. »

Cette interprétation nous paraît erronée, parce
qu'elle ne se trouve nulle part dans Hérodote ; et
les observations que Kruse y ajoute tombent d'elles-
mêmes. Au contraire, on ne peut se méprendre sur
le sens des paroles d'Hérodote.

L'historien grec fait bien la distinction entre les
Scythes et les Melanchlænes, et si ces derniers sont
les Esthoniens, comme Kruse le prouve avec tant

et ornés, à la manière des Grecs, de statues d'autel et de cha-
pelles en bois. On y célèbre tous les trois ans des fêtes en l'honneur de Bacchus et des Bacchanales ; ce qui s'explique facilement,
puisque les Gélons d'origine grecque sont d'anciens marchands
qui, chassés des comptoirs de l'Euxin, sont venus habiter chez
les Budins. Ils se servent d'une langue mêlée du scythe et du
grec.

« CIX. Les Budins ne parlent pas la même langue que les
Gélons et n'ont pas les mêmes mœurs. Originaires du pays, ils
sont nomades, et les seuls des habitants de ces contrées qui
mangent des poux. Les Gélons, au contraire, travaillent la terre,
se nourrissent de pain, cultivent des jardins, et n'ont rien de
commun avec les Budins, ni par la figure, ni par la couleur.
Cependant les Grecs donnent aux Budins le nom de Gélons,
mais c'est à tort. Le pays abonde en forêts épaisses. Dans une
des plus vastes on voit un grand lac très-profond, entouré d'un
vaste marécage, couvert de roseaux. On y prend des loutres,
des castors, et une autre espèce de bête sauvage dont la face est
carrée. Les peaux de ces animaux servent à doubler les manteaux, et leurs testicules sont employés utilement pour la gué-
rison des maladies de l'utérus.

d'autorité, les premiers ne pouvaient être un peuple de race touranienne. Ils étaient de même origine que les Sauromates ; nul ne peut en douter en lisant attentivement les chapitres cx.-cxvii dans le IVᵉ livre d'Hérodote [1]. Les raisons que Koskinen

1. « Quant aux Sauromates, dont il me reste à parler, voici ce que l'on en raconte. Au temps où les Grecs firent la guerre aux Amazones (les Scythes donnent aux Amazones le nom d'*Oiorpata,* qui peut se rendre par le mot tueur d'hommes, car dans leur langue le mot *oior* signifie homme, et *pata* tuer), les Amazones ayant été vaincues dans la bataille donnée sur les bords du Thermodon, les Grecs revinrent dans leur patrie, ramenant avec eux, sur deux ou trois vaisseaux, toutes celles qu'ils purent faire prisonnières. Lorsqu'on fut en pleine mer, elles se révoltèrent, et parvinrent à tuer tous les hommes qui montaient les vaisseaux ; mais, comme elles ne connaissaient point les manœuvres, et qu'elles ne savaient se servir ni du gouvernail ni des voiles, après s'être défaites de tous les matelots, elles furent obligées de s'abandonner aux vagues et au vent. Portées par les flots, elles entrèrent dans le Palus-Méotide, et vinrent aborder à un lieu nommé les Cremnes, dans la contrée habitée par les Scythes libres. Ces femmes y descendirent de leurs vaisseaux ; puis, s'étant mises en chemin pour chercher quelque habitation, elles tombèrent sur le premier pâturage de chevaux qu'elles rencontrèrent, s'en emparèrent ; et, montées sur ces chevaux, se mirent à dévaster les terres.

« Les Scythes ne savaient comment expliquer cet événement, et, ne connaissant ni la langue, ni l'habillement de ces nouveaux ennemis, ni à quelle nation ils appartenaient, ne pouvaient que s'étonner de les voir, sans deviner d'où ils venaient. Ils les prirent d'abord pour des hommes de même âge et de même taille, en vinrent aux mains, et ce fut seulement à la

donne à l'appui de cette dernière opinion nous paraissent excellentes et nous allons y ajouter quelques preuves qui paraîtront sans doute concluantes.

suite du combat que les Scythes, en dépouillant les morts, connurent qu'ils avaient affaire à des femmes. Après cette découverte, ils convinrent de ne plus en tuer, et résolurent d'envoyer contre elles les plus jeunes d'entre eux, en nombre à peu près égal à celui auquel ils supposaient que la troupe des Amazones pouvait se monter. Ces jeunes gens eurent ordre de camper le plus près possible de ces femmes, et d'agir suivant ce qu'elles feraient ; si elles marchaient pour les attaquer, de ne point combattre et de se retirer ; si elles s'arrêtaient, de s'arrêter eux-mêmes, et de camper encore plus près d'elles. Tel fut le résultat de la délibération des Scythes, qui voulaient se ménager les moyens d'avoir des enfants de ces femmes.

« Les jeunes gens se mirent en marche, et se conformèrent aux instructions qu'ils avaient reçues. Lorsque les Amazones s'aperçurent que cette troupe ne venait point dans le dessein de les attaquer, elles la laissèrent faire ce qu'elle voudrait, et chaque jour les deux camps se rapprochaient de plus en plus. Les jeunes gens, comme les Amazones, n'avaient rien que leurs armes et leurs chevaux, et ne pouvaient par conséquent vivre qu'en fourrageant et en chassant.

« Dans leurs courses, les Scythes remarquèrent que les Amazones, vers l'heure de midi, se retiraient, ou séparément, ou au plus deux ensemble, dans des lieux ombragés, pour satisà faire quelques besoins naturels. Sur cette observation, l'un d'eux se hasarda d'aborder une des Amazones qu'il vit tout à fait seule ; elle ne le repoussa pas et s'abandonna à lui. Ensuite, comme elle ne pouvait point lui parler, puisque ni l'un ni l'autre n'entendaient réciproquement leurs langues, elle fit comprendre par ses gestes qu'elle désirait qu'il revînt le lendemain à la même place, et amenât avec lui un de ses compagnons, lui in-

Koskinen est persuadé que les Scythes et les Sauromates étaient Slaves. Voici ses raisons : la parenté

diquant, de la même façon, qu'elle amènerait de son côté une
de ses compagnes, et qu'elles seraient deux. Quand le jeune
homme fut de retour, il raconta aux autres son aventure, et le
jour suivant il revint, avec un second, au lieu désigné, où il
trouva l'Amazone et sa compagne qui les attendaient. Le reste
de la troupe, instruit de leur succès, suivit cet exemple, et
parvint à apprivoiser toutes les Amazones.

« — Enfin, les. deux camps se confondirent et habi-
tèrent en commun, chaque homme conservant la femme avec
laquelle il avait eu commerce le premier; mais les Scythes ne
purent jamais apprendre la langue des Amazones, tandis que
celles-ci se familiarisèrent promptement avec celle des Scythes.
Lorsqu'ils furent parvenus à s'entendre ainsi réciproquement,
les Scythes firent aux Amazones cette proposition : « Nous
« avons, leur dirent-ils, des parents et des biens; cessons donc
« de vivre comme nous vivons, et allons nous établir chez nos
« concitoyens. Vous serez nos épouses, et nous vous promettons
« de ne point en prendre d'autres. » — « Nous ne pourrons
« jamais, répondirent les Amazones, vivre avec les femmes de
« votre nation ; nos mœurs sont trop différentes des leurs.
« Nous sommes accoutumées à nous servir de l'arc, à lancer le
« javelot, à monter à cheval; les ouvrages ordinaires à notre
« sexe nous sont inconnus. Vos femmes, au contraire, s'occu-
« pent uniquement de ces sortes d'ouvrages, et demeurent
« assises dans un chariot, sans aller à la chasse et sans se mon-
« trer ailleurs. Nous ne saurons jamais prendre de telles habi-
« tudes; mais si vous désirez nous conserver pour épouses et
« agir en même temps avec équité, allez près de vos parents,
« demandez-leur la part qui vous appartient dans ce qu'ils pos-
« sèdent, et revenez ensuite habiter avec nous et loin d'eux.

« Les jeunes gens, persuadés, firent ce qu'on leur de-
mandait ; et, après avoir reçu la part qui leur revenait dans

des Scythes et des Sarmates est prouvée dans Hérodote même ; qu'on lise avec attention la fable qu'il
raconte sur l'origine de ces derniers. Ces deux
peuples se sont longtemps fait la guerre ; plus tard
ils se sont confondus ; le vaincu a probablement été
absorbé par le vainqueur, et le nom de Sarmate a
remplacé dans l'histoire celui de Scythe.

les biens de leur famille, rejoignirent les Amazones, qui, à leur
tour, leur firent une autre proposition : « Nous ne pouvons,
« leur dirent-elles, sans danger, continuer à vivre dans la con-
« trée où nous sommes, après vous avoir enlevés à vos parents
« et dévasté tant de fois vos campagnes; mais puisque vous
« mettez du prix à nous avoir pour femmes, voici le parti qu'il
« nous convient de prendre en commun. Quittons le pays, passons
« le Tanaïs, et allons nous établir au delà de ce fleuve.

« Cette nouvelle proposition fut également accueillie, et
les Scythes, unis aux Amazones, passèrent le Tanaïs. Ils marchèrent ensuite pendant trois jours au delà de ce fleuve, se dirigeant vers l'orient, puis trois autres jours à partir du Palus-
Méotide vers le nord, et vinrent se fixer dans la contrée qu'ils
habitent encore maintenant. Les femmes des Sauromates (c'est
le nom que prit ce nouveau peuple) ont conservé leur manière
de vivre. Elles montent à cheval, vont à la chasse avec les
hommes et même sans eux, les accompagnent à la guerre et
portent le même vêtement.

« Le fond de la langue des Sauromates est scythe, mais c'est un
scythe ancien et mêlé de solécismes, parce que les Amazones
n'avaient jamais appris parfaitement le scythe. Une loi particulière ne permet chez eux à une fille de se marier que lorsqu'elle
a tué un ennemi. Aussi, beaucoup de filles vieillissent avant de
trouver un mari, parce qu'elles n'ont point eu l'occasion de
remplir les conditions de la loi. »   (Trad. Miot.)

Pendant deux cents ans, ils se montrent sur les bords du Danube pour inquiéter l'empire romain, mais à l'époque des invasions des Huns ils disparaissent. Cependant les Huns sont à peine refoulés qu'on revoit les Sarmates; on les trouve en 488 en compagnie des Goths, et quatre-vingts ans plus tard, en compagnie des Longobards, envahissant l'Italie; puis leur nom disparaît de nouveau. Se sont-ils retirés vers l'est? Se sont-ils confondus avec un autre peuple? Koskinen ne partage pas ces opinions. Il fait remarquer qu'en Europe de nouveaux noms paraissent : Slaves, Slovères, Scabènes, Antes, Vendes, etc. Comme autrefois les Sarmates, ils vont en avant, au bord du Danube, et Koskinen croit qu'à cette époque ils ne sont point venus de l'Asie, mais que c'étaient les anciens Sarmates. D'après Procope [1] les Slaves et les Antes se seraient eux-mêmes appelés jadis Spores; et ce nom n'est qu'une autre forme, produite par interversion des consonnes, du mot Sorb, Serb, Sorab, dont la racine est S R B. Koskinen pense que le S R M est identique au S R B, et que les auteurs grecs et latins ont formé de cette racine le mot Sa R M — ata de même qu'ils ont fait de Kel, Gal, Gal — ata. Le célèbre savant slave Schaffařik est du même avis.

1. *Bellum Goth.,* III, xiv.

Ajoutons à cela que, même en admettant dans ses traits principaux le récit d'Hérodote, il résulte que les Sauromates étaient aussi bien des Scythes que les Romains sont restés Romains après l'enlèvement des Sabines. Donc les Scythes et les Sauromates d'Hérodote n'étaient point de race touranienne.

Quant aux autres peuples dont parle Hérodote. voici ce qu'en dit Koskinen :

1° Les Agathyrses qui habitaient la Transylvanie étaient, d'après Vivien de Saint-Martin, les pères des Khazars [1]. Koskinen croit cela possible, mais il attend des preuves;

2° Les Androphages et Melanchlænes sont certainement, d'après Schaffarik, des peuples finnois. Le nom des premiers s'accorde avec le nom des Samoïèdes (*sam*, homme, et *jed*, manger, ce qui ne serait qu'une plaisanterie, d'après Hunfalvi), et la terminaison læn, lain, est tout à fait finnoise (p. e. Sumalainen, Savolainen). Koskinen partage cette manière de voir. Nous adoptons aussi cette opinion pour les Melanchlænes.

Quant aux Androphages, ils peuvent être de race finnoise, mais nous ne croyons pas qu'ils aient jamais été Samoïèdes; car le peuple des Samoïèdes,

1. Sur les Khazars. *Nouvelles Annales de voyage,* 185, t. II.

partant de l'Altaï, a pu suivre le courant des grands
fleuves de Sibérie et descendre jusque sur les bords
de la mer Arctique, refoulant les Lappons dans
ce dernier endroit [1]; mais nous ne croyons pas
probable qu'il se soit jamais aventuré dans les
terres éloignées qu'habitaient les Androphages
d'Hérodote. De plus, ses mœurs actuelles, qui n'ont
guère dû changer, vu son isolement, ne font point
supposer d'aussi sauvages habitudes ;

3° Les Budins, d'après Vivien de Saint-Martin,
seraient aussi de race finnoise : ce seraient les Votes,
peuple qui existe encore aujourd'hui et desquels
Mannert fait des Germains et Schaffařik des Slaves.
D'après Koskinen, tous les trois peuvent avoir raison.
Cette fois nous inclinons encore vers la manière de
voir du savant Slave. Les mots Vendes et Budins, racines V N D, B D N, pourraient bien être de même
provenance; l'intervertissement du D N est une circonstance que Koskinen plaide lui-même éloquem-
ment quand il s'agit de prouver l'identité des
Sarmates et des Slaves;

4° Sur les Thyssagètes, les Jurques, les Argy-
péens, les Issédons, les Massagètes, les Arimaspes,
Koskinen n'a pas d'opinion arrêtée; pour les Sak-

1. Voir à ce sujet Castrén.

kaks, il prétend que les Persans ont ainsi nommé
tous les peuples de l'Occident. Peut-être dans l'origine le nom Sakkak s'est-il appliqué à cette partie
du peuple finnois ou touranien altaïque, qui, jadis
maître de l'Asie, se retira sur les bords de l'Oxus,
lors de la domination persane. Mais les Scolats,
au bord du Pont-Euxin, et les Scythes d'Hérodote ne faisaient certainement pas partie de ce
peuple. Nous pensons que ces Sakkaks du bord de
l'Oxus étaient un peuple commerçant et même
civilisé : les Seres, dont parlent les annales chinoises, peuple à cheveux blonds, aux yeux clairs
(dont Müller a voulu faire des Germains) et qui,
à une certaine époque, étaient à la tête du commerce entre l'Orient et le nord-est de l'Europe.

Parlons maintenant plus particulièrement des
Melanchlænes, dont l'origine ne paraît plus sujette
à contestation. Nous en trouvons des traces du
Caucase jusqu'au golfe de Finlande. Pline nous
montre ce peuple établi sur les bords orientaux du
Pont-Euxin, près de Dioscurias [1] ; Pomponius Méla
les place tout près de la Colchide[2], dans le *Périple*
de Scylax ; on les retrouve au nord de la Colchide[3];

1. Plin. *H. Nat.,* IV, 5.
2 Pomp. Méla, cap. xix, et Anonym. Rav., IV, cap. iv.
3. Scylax, *Peripl.,* p. 31.-32. Ed. Hudf.

dans Ptolémée, près de l'embouchure du Volga [1];
dans les Fragments d'Heccatæus, au nord de la
Chersonèse Taurique [2]; dans Dionysius Periegètes,
près des Alains au nord des Hippemolges [3]; enfin, dans Strabon, près des Cassitérides [4].

De ces traces des Mélanchlænes et des données d'Hérodote, Kruse tire les déductions suivantes :

1° De temps immémorial les Mélanchlænes se
séparent de leurs frères, occupent les provinces bal-
tiques d'aujourd'hui, s'étendent au sud jusqu'au
Dniéper, à l'ouest jusqu'à Twer, Moscou et par
petits groupes se trouvent dans les monts Caucase ;

2° En 639, les Cimmériens, qui habitaient autrefois la Russie méridionale, sont chassés par les
Scythes venus de l'Asie, et s'enfuient, une partie
vers l'Asie Mineure, l'autre partie vers le Jutland
(Chersonèse Cimbrique) où ils se confondent avec
les Ibériens, d'où les Cim-Ibériens, Cimbres ;

3° En 637, les Scythes franchissent le Caucase,
envahissent l'Asie, et en 635 sont vainqueurs de

---

1. Ptol., V, cap. ix.
2. Klausen, *Hecateus Fragm.,* Nr. 154.
3. Dionys., *Perieg.,* v. 309, Hudf.
4. Strabon, III, 175.

Cyaxare pendant qu'il assiége la ville de Ninive [1] ;

4° En 631, ils attaquent aussi la Palestine ;

5° En 610, ils sont derechef chassés par les

1. Il existe encore une autre version à laquelle je me rangerais plus volontiers qu'à toute autre. Suivant cette version, les Scythes sont des peuples nomades d'Asie qui, chassés par les Massagètes du pays qu'ils occupaient, vinrent passer le fleuve Araxe et se fixer dans la Cimmérie. On voit, en effet, que le territoire qu'habitent aujourd'hui les Scythes est l'ancien pays des Cimmériens. Les Cimmériens, attaqués par les Scythes, qui les pressaient avec une armée nombreuse, délibérèrent sur le parti qu'ils avaient à prendre. Dans cette délibération, la différence d'opinion les divisa en deux partis puissants ; mais celui auquel leurs rois présidaient montra des sentiments plus honorables que l'autre. Le parti populaire pensait qu'il fallait se retirer et ne point courir les risques d'une bataille. Les rois étaient, au contraire, d'avis que l'on défendît le pays et que l'on attendît les agresseurs pour les combattre. Après d'inutiles efforts des deux côtés, chaque parti resta inébranlable : le peuple ne voulut point se rendre à l'opinion des rois ni les rois à celle du peuple. Ainsi, le parti populaire arrêta de céder le pays aux ennemis et de se retirer sans combattre ; tandis que les rois, comparant les biens dont ils avaient joui jusqu'alors aux maux évidents qui les attendaient en quittant leur patrie, résolurent de périr sur les lieux plutôt que de suivre le peuple dans sa fuite. Enfin, comme ces deux partis aussi prononcés et aussi opposés d'opinion se trouvaient à peu près égaux en nombre, ils en vinrent aux mains. Dans ce combat, tous ceux qui avaient partagé le sentiment des rois périrent, et la faction populaire victorieuse ensevelit les morts sur les rives du fleuve Tyras, où l'on voit encore leurs tombeaux. Libre ensuite d'exécuter son projet, tout le peuple cimmérien sortit du pays, et les Scythes qui survinrent le trouvèrent entièrement désert lorsqu'ils s'en emparèrent.

Mèdes. Une guerre avec leurs esclaves force une partie des Scythes à s'enfuir auprès de Cyaxare, qui les reçoit;

6° En 609, pendant que Cyaxare assiége de nouveau Ninive, les Scythes se retirent auprès du roi des Lydiens, Alyatte, d'où résulte une guerre entre celui-ci et Cyaxare ;

7° En 603, la paix est conclue entre les Mèdes et les Lydiens. Les Cimmériens sont de nouveau chassés de l'Asie Mineure;

8° En 546, les Neures quittent leurs anciennes habitations dans l'est, franchissent le Borysthène, et prennent leurs cantonnements près de Vilia (Neris).

« Il subsiste encore dans la Scythie des villes cimmériennes, telles, par exemple, que Porthméia et Cimmérium. Une partie du pays conserve même le nom de Cimmérie, et un détroit y porte le nom de Bosphore Cimmérien. Il paraît constant aussi que ce sont les Cimmériens, fuyant en Asie l'invasion des Scythes, qui envoyèrent des colonies dans la péninsule où est actuellement bâtie la ville grecque de Sinope. Du reste, il est évident que les Scythes qui se mirent à leur poursuite n'entrèrent en Médie qu'après s'être trompés de chemin; car les Cimmériens, dans leur fuite, marchèrent constamment le long du rivage, tandis que les Scythes qui les suivaient prirent leur route en laissant à droite le Caucase, et, se dirigeant ensuite par l'intérieur des terres, pénétrèrent enfin en Médie. C'est en cela que consiste cette troisième version, sur laquelle d'ailleurs les Barbares et les Grecs sont d'accord. » — Hérodote, l. IV, xi-xii.

(Trad. Miot.)

Ce sont probablement les pères des Lettons et des Lithuaniens ;

9° En 531, Cyrus fait la guerre aux Scythes et aux Massagètes; il est tué dans cette guerre.

516. Idanthyrsus, fils de Saulius, et roi des Scythes nomades [1], et Scopasis, roi d'autres Scythes [2].

515. Darius fait la guerre aux Scythes avec l'aide des Grecs de l'Asie Mineure ; les Mélanchlænes forment un royaume à part. Une partie de ce peuple, entraîné, malgré lui, dans la guerre contre les Perses, se retire vers le Nord, dans le pays des lacs (Finlande).

513. Arianthes, roi des Scythes nomades.

476. Aripithes...

455. Scylas, fils d'Aripithes...

450. Octamasades, fils d'Aripithes...

446. Hérodote fait lecture de son histoire pendant les Panathénées et va à Thurium.

C'est à lui que nous devons les plus précieux renseignements sur l'histoire reculée des Scythes [3].

---

1. Hérodote, l. IV, c. LXXVI, CXX, CXXVII.

2. Hérodote, l. IV, c. CXX.

3. Voir pour tous ces détails : *Urgeschichte des Esthnischen Volksstammes,* von Prof. Dr. Friederich Kruse. Moskau, 1846.

II.

LES SUCCESSEURS D'HÉRODOTE. — PYTHÉAS DE MARSEILLE.

Après Hérodote les sources géographiques deviennent de moins en moins claires. Les Perses ont conquis Milet, métropole d'Olbie; les Grecs se font la guerre entre eux, et Alexandre le Grand essaie en vain d'étendre son empire de la Thrace jusqu'aux embouchures du Danube [1].

Ctesias, le médecin du roi de Perse, Artaxerxès, nous raconte des faits qui sont le plus souvent inexacts et fabuleux ; c'est de son temps que des caravanes auraient fait le trajet des Indes aux monts Ourals, attirées par les mines d'or dont parle Aristéas [2].

Hippocrate, contemporain de Périclès et vivant peu de temps après Hérodote, nous donne des indications du plus haut intérêt sur le centre de l'Europe

---

1. Arrian, *Exped. Alexandri,* I, 3, 4.
2. *Indica,* c. xi, xx, in Phot. Bibl., p. 105 et 108, et Gellius, *Noct. Att.,* IX, c. v.

orientale, notamment sur les Scythes et les Sauromates. Il confond souvent ces deux peuples, ce qui
vient à l'appui de ce que nous avancions plus haut
sur la communauté de leur origine[1].

Les Phéniciens avaient perdu leur puissance
commerciale sur les mers après la guerre contre les
Perses ; les Grecs prennent leur place et fondent de
nombreuses colonies, surtout à l'ouest en Espagne
et dans les Gaules. Les Ioniens se distinguent entre
tous les autres par leur ardeur, et les Phocéens fondent Massilia (600, 599, 542, 536). Massilia gagne
bientôt en importance et joue à l'ouest le rôle que la
ville d'Olbie avait joué à l'est, près du Pont-Euxin [2].

Déjà, avant Hérodote, on avait parlé d'un certain
Héraclite d'Éphèse, qui aurait entrepris un voyage
vers l'Océan, plus loin que les colonnes d'Hercule [3].

En 445, Démocrite d'Abdère publie une description de l'Océane, et même déjà avant lui les publi-
cations relatives à l'exploration de ces contrées
paraissent avoir pris un nouvel essor [4].

En 504, Hécatée de Milet, Hellanicus de Milet

1. Hippocrates, *De aere, aquis et locis*. Éd. Kühn,
vol. XXI, p. 555.

2. Raoul-Rochette, *Hist. de l'établissement des Colonies
grecques,* III, p. 408-412.

3. Uckert, *A. Geogr.,* I, 1. p. 79.

4. Uckert, *A. Geogr.,* I.

ou Mitylène, contemporain d'Hérodote, Hippys de
Rhegium et Anaxagore, maître d'Euripide, pu-
blient leurs intéressantes découvertes; et du temps
de Socrate et d'Alcibiade on construisait des cartes
générales sur ces données [1].

Platon (429) a déjà entendu parler d'un vaste
pays au delà des colonnes d'Hercule qu'il nomme
Atlantis, et son élève Aristote (368) nous fait même
une description, quoique inexacte, de la mer « peu
profonde », située au delà du détroit de Gibraltar
(Gades).

Après eux viennent Antiochus de Syracuse,
contemporain de Thucydide, Éphore (350) dont
l'exactitude a été critiquée par ses savants successeurs, comme celle d'Hérodote [2] par Strabon; il
réunissait comme Antiochus et, comme plus tard
Polybe, la géographie et l'histoire [3].

A la même époque (348) les Carthaginois, pour
s'assurer leur commerce avec la Grande-Bretagne
et les Électrides, conclurent un traité avec Rome qui
interdisait aux Romains de passer avec leurs navires
les colonnes d'Hercule [4]. Si toutefois un bâtiment

---

1. Uckert, *A. Geogr.*, I.
2. Joseph, *C. Apion,* I, 12.
3. Strabon, VIII, init.
4. Polyb., III, 24, l. xxvii.

romain s'aventurait au delà de ce détroit, la jalousie des Carthaginois allait jusqu'à faire couler leur propre vaisseau, pourvu qu'il réussît à entraîner le navire romain dans sa perte.

Scymnus de Chios (373) nous prouve dans ses écrits combien les récits de ces temps étaient entremêlés de fables. Il était d'avis que les îles Électrides, d'où on tirait l'ambre, se trouvaient situées près de l'embouchure du Pô [1].

Après lui Scylax (390-360), qui nous décrit, d'après les récits de voyage de Hannon, les côtes occidentales de l'Afrique, était déjà bien mieux renseigné que Scymnus de Chios [2].

Mais le voyageur le plus intrépide, le géographe le plus éminent de cette époque fut sans contredit Pythéas de Marseille (360). Il visita non-seulement la Grande-Bretagne et l'Écosse, mais aussi le royaume de Thulé. Nous pensons que les renseignements que nous fournit Pythéas doivent être accueillis avec la plus grande réserve, mais ils contiennent néanmoins des détails intéressants et précieux, quoique Strabon dise le contraire. Ce dernier prétend même sans ambages que Pythéas n'était qu'un simple im-

1. Scymnus Chins, r. 373.
2. Scylax, *Caryand,* I, c. 54.

posteur [1]. Pline est bien plus indulgent à son égard et en fait bien plus de cas [2].

Il est certain que tous les récits du géographe de Massilia sont mêlés de fables, et que cette simplicité admirable, qui caractérise à un si haut degré les écrits d'Hérodote, lui fait défaut. Mais où serions-nous sans les Grecs? s'écrie Kruse, et n'oublions pas que les fragments de Pythéas que nous possédons, nous les devons à Strabon, qui voudrait bien faire tout passer pour des fables, et à Pline, qui malheureusement est trop bref dans les citations empruntées à Pythéas.

Koskinen, dans son remarquable ouvrage, rend entièrement justice au géographe de Massilia et traite la question de ses œuvres avec une entière impartialité et une grande élévation d'esprit. Nous allons essayer de le suivre sur ce terrain.

Pythéas paraît avoir écrit deux ouvrages : 1° *Sur la mer*, et 2° *Sur le voyage autour du monde*.

De ces deux œuvres nous ne possédons que des fragments, trouvés dans Strabon, dans Geminus de Rhodes, dans Cléomède, etc.

Koskinen conclut des paroles de Strabon que Py-

1. Strabon, III.
2. Pline, *H. N.*, XXXVII, 11.

théas a été lui-même à Thulé ; qu'il indique encore une autre contrée en dehors de Thulé et plus loin, où d'après lui la terre, la mer et l'air se seraient confondus ; qu'il a vu de ses propres yeux cette contrée fabuleuse et qu'un épais brouillard qui se trouve dans ce pays lui fait faire cette étrange comparaison ; qu'en revenant de ce voyage il avait fait le tour de l'Europe entière. Examinons ces quatre points principaux.

Quant à la première supposition, Koskinen en trouve la confirmation dans Géminus de Rhodes. Cet auteur raconte qu'il y a dans le nord des pays où le plus long jour a une durée de dix-sept à dix-huit heures. Il ajoute que Pythéas a vu ces contrées de ses yeux; car dans son ouvrage *Sur la mer* il dit textuellement : « Les habitants de ces pays nous ont montré l'endroit où le soleil se couchait, car là la nuit est très-courte; elle dure à peine deux à trois heures. »

Cosmas Indopleustes s'exprime dans les mêmes termes sur Pythéas : « Pythéas de Massilie nous raconte, dans son ouvrage *Sur la mer,* qu'arrivé dans les pays du Nord, les habitants lui auraient montré l'endroit où le soleil se couchait de façon qu'ils n'avaient que de la nuit. » Nous voyons que le premier de ces écrivains emprunte à Pythéas ce que cet auteur a dit du plus long jour, et l'autre, ce qu'il a dit de la plus longue nuit. Ils ne désignent, ni l'un ni l'autre, le pays de Thulé.

Mais Strabon dit que Pythéas racontait que le plus éloigné des pays était celui de Thulé; il n'y a donc pas de doute, ajoute Koskinen, que Pythéas n'y soit allé lui-même et ne se soit entretenu avec les habitants de Thulé.

Mais où chercher Thulé? D'après Pline et Strabon, Pythéas dit qu'en partant de de la Grande-Bretagne il avait voyagé six jours pour arriver à Thulé et de là encore un jour pour arriver dans la mer Glaciale. D'après ces données il serait presque impossible de préciser la situation de Thulé; car on ne peut deviner la distance que Pythéas parcourait dans ses six jours de voyage, et on sait encore moins de quel point de la Grande-Bretagne il a pu partir. D'après Géminus de Rhodes, la nuit aurait une durée de deux à trois jours dans ce pays, ce qui nous donnerait aujourd'hui le 62° 12′ ou 64° 13′ de latitude, les environs de Drontheim en Norvége. D'après Strabon, Pythéas serait arrivé jusqu'au 62° 30′; Cléomèdes dit que Pythéas parle d'une nuit de deux, trois et même quatre à cinq mois; tout cela prouverait que chacun de ces écri-

Gravé chez Erhard

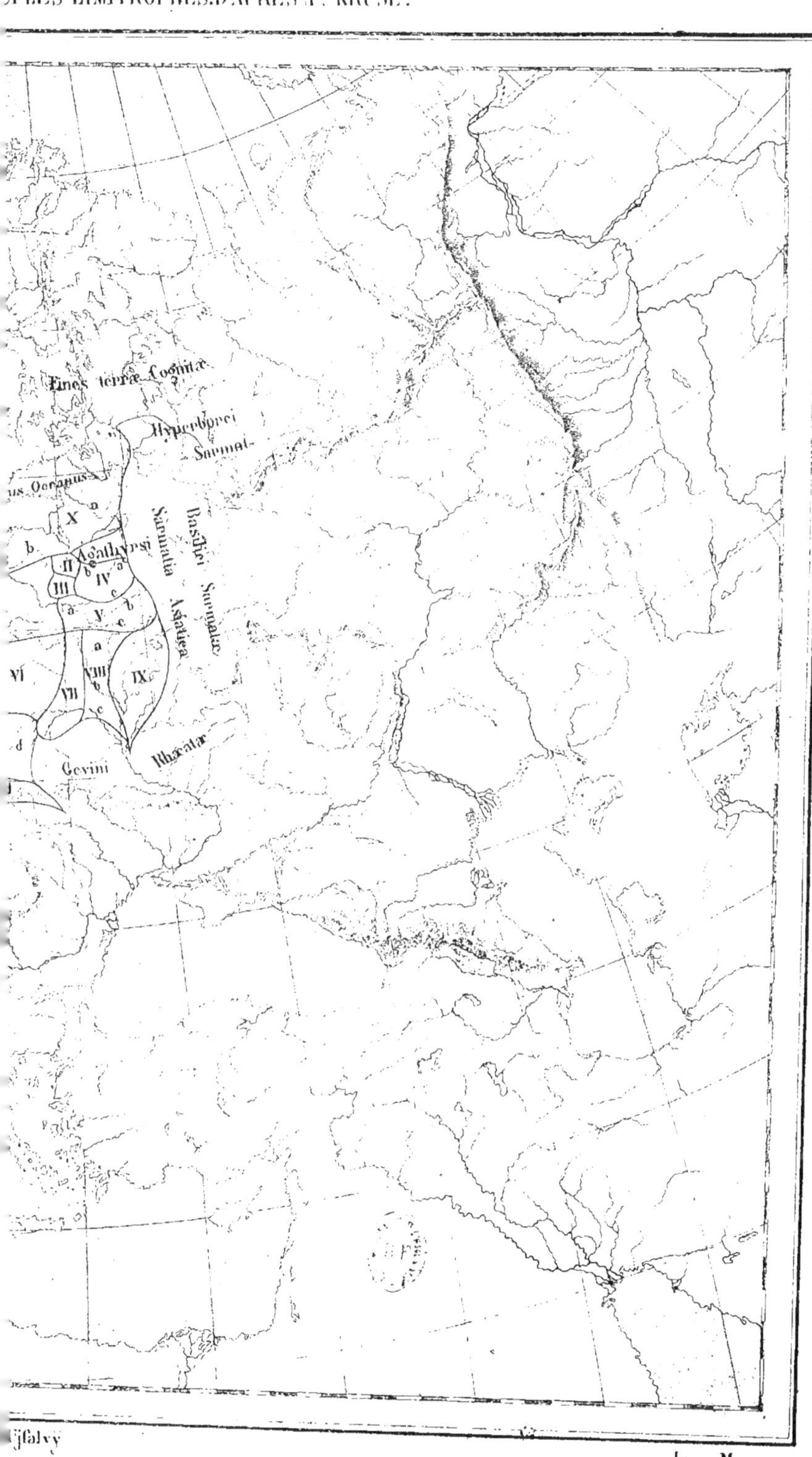

...jfalvy
...iones
...rgatii
...uni Scythæ
X b Osti et Carsones
c Feltæ
d Finni
XI b Salanes
c Phragundi

vains était enchanté de faire endosser à Pythéas sa propre opinion qui leur était chère.

Koskinen pense que Pythéas, parlant de la Grande-Bretagne, aurait pris une direction nord-nord-est, qu'après six jours de voyage il serait arrivé dans un pays où il aurait parlé avec les habitants. Ce pays qui lui semblait être une vaste île, il l'appelle Thulé, et la plus courte nuit y était de deux à trois heures; ce qui indique que ce pays était situé au 63° ou 64° de latitude.

Il n'y a pas de doute que les habitants de ce pays ne fussent Finnois, ou de race finnoise; nous n'avons qu'à lire attentivement les descriptions que Pythéas nous fait de ce peuple pour en être convaincus. Si ce peuple était de race finnoise, l'expression de Pythéas parlant du *poumon de la mer* pour indiquer les épais brouillards de la mer Glaciale, cette expression qui a fait sourire bien des savants, n'a rien de surprenant. La langue finnoise emploie encore de nos jours de pareilles hyperboles; elle dit par exemple: l'oreille, le cou d'une cataracte; le nez d'une presqu'île; la gorge de la mer; le cœur de la terre; le cœur de la nuit, etc [1].

1. On retrouve certainement ici, comme partout ailleurs, l'imagination vive de l'Asie que les peuples touraniens ont

Et cette expression même que Pythéas a assurément empruntée à ce peuple du Nord ne prouve-t-elle pas plus que tout le reste, que ce peuple était précisément de race finnoise?

Les savants d'aujourd'hui ne sont pas plus d'accord que ceux d'autrefois sur la situation du pays de Thulé. Les uns placent ce pays en Norvége, les autres en Islande. Koskinen est d'avis que ce pays ne pouvait être que la Norvége, et les raisons qu'il donne à l'appui de son assertion, nous paraissent excellentes.

D'abord, il serait difficile d'admettre que Pythéas eût pris une direction aussi prononcée vers l'ouest. Ensuite la longueur de l'Islande n'est pas assez considérable pour qu'on y trouve des endroits auxquels les différentes longueurs de jour indiquées dans l'ouvrage de Pythéas puissent s'appliquer. Enfin, ajoute Koskinen, et cette raison nous paraît

conservée surtout dans leurs poésies. Le gigantesque cheval du Nord des Finnois, qui était d'une taille si élevée qu'un écureuil mettait un mois pour sauter d'une de ses oreilles à l'autre; le mammouth souterrain des Toungouses, qui aurait formé des montagnes, comme la taupe élève ses tertres, ainsi que le monstre à mille membres du pays des Kalmuks, dont les ossements pétrifiés forment aujourd'hui la chaîne de l'Himalaya, tous ces êtres fabuleux ont été enfantés par la même imagination. Peut-on s'étonner après cela que leurs aïeux rencontrés par Pythéas dans le pays de Thulé aient parlé du poumon de la mer?

la meilleure, nous savons positivement que l'Islande
était inhabitée avant l'arrivée des Normans, et
Pythéas a trouvé à Thulé des hommes avec lesquels il s'est entretenu. Il en résulte que le pays de
Thulé est la Norvége d'aujourd'hui, au 64° ou 65°
de latitude.

Quel malheur pour la géographie et l'histoire
de ces pays que les œuvres de Pythéas soient perdues pour la plus grande partie! En effet ses assertions tendent à se confirmer de plus en plus, comme
celles d'Hérodote, malgré les critiques malveil-
lantes de Strabon! Que ne possédons-nous encore
l'histoire des Hyperboréens d'Hécatée; les écrits
de Xénophon de Lampsaque, qui comme Pythéas
visita probablement lui-même la mer du Nord; les
œuvres de Diogène, qui, peu de temps après
Alexandre, composa un ouvrage sur Thulé et les pays
du Nord; l'ouvrage et les cartes de Dicéarque, et
d'autres écrivains de mérite comme Onesicritus, qui
parlait des Melanchlænes et des Androphages, etc.?
Ce sont là des pertes irréparables pour la géographie
et l'histoire. Si nous possédions tous ces écrits,
ainsi que l'histoire des Assyriens par Hérodote [1],

1. Voici les preuves sur lesquelles nous nous appuyons pour
dire qu'Hérodote a écrit un ouvrage sur les Assyriens:

L. I, ch. CVI. « ... Ils se rendirent bientôt maîtres de Ninive

il nous serait facile de reconstruire l'antiquité
touranienne; mais, à défaut de ces documents,
nous sommes condamnés à marcher lentement et
avec l'espoir que les recherches des maîtres dans la
science assyriologique, tels que Oppert et son digne
émule F. Lenormand, nous rendront la langue-mère
des Touraniens dans toute son intégrité.

même (je rapporterai dans un autre ouvrage comment cette ville
tomba en leur pouvoir). »

L. I, ch. CLXXXIV. « Plusieurs rois, avant les Perses, ont régné
sur Babylone; j'en parlerai dans mon histoire des Assyriens... »

On trouve enfin dans Aristote un passage fort remarquable, où il reproche à Hérodote d'avoir dit « qu'au siége de
Ninive, on avait vu un aigle, d'après lequel on prenait des au-
gures, buvant, tandis que tous les oiseaux à ongles crochus ne
boivent jamais. » (*Histoire des Animaux,* L. VIII, ch. XVIII.)
Or, la phrase attribuée à Hérodote, et qui est certainement de
lui, ne se rencontre dans aucun des neuf livres de son histoire.
(Voir traduction d'Hérodote, par **A.-F. Miot.**)

III.

LES AUTEURS ROMAINS : PLINE, TACITE, ETC.
PTOLÉMÉE.

Quand la grandeur politique de la Grèce eut diminué après Alexandre, quand elle eut même disparu entièrement après la prise de Corinthe (146), nous voyons les sciences chercher un refuge, d'un côté à Alexandrie, de l'autre à Rome ; mais encore à ce moment les hommes qui entretiennent le feu sacré du savoir, qui traitent de l'histoire et de la géographie des pays lointains, sont pour la plus grande partie d'origine hellénique. La Syrie seule refleurit sous les successeurs d'Alexandre; les esprits audacieux entreprennent de nouveau la navigation de la mer Caspienne et du Volga, qu'on persiste à considérer, malgré Hérodote, comme un détroit de la mer Septentrionale.

Pline, dans son livre II, chap. LXVII, où il décrit cette mer depuis Gades (Cadix) jusqu'au pays des Scythes, tombe dans la même erreur et l'aggrave même, en ajoutant qu'on ignorait si le Palus-Mœotis n'était pas aussi un golfe de cette mer du Nord. (Nous voyons cette erreur subsister jusque dans la *Tabula peutingeriana.*)

Les Romains, trop occupés de leurs conquêtes à l'est, au sud et à l'ouest, perdirent presque de vue, jusqu'à César et Auguste, les contrées septentrionales de l'Europe.

Fort heureureusement, un certain nombre d'auteurs grecs comblent cette lacune.

A Alexandrie, Hipparque de Nicée (128), Agatarchide (120), Posidonius et Eudoxus (96). Metrodores de Scipsis et Scymnus de Chios (60), nous fournissent dans leurs ouvrages des renseignements, non sans valeur, sur le nord de l'Europe.

Pline nous fait entrevoir que les Germains convoitaient déjà les pays à l'est de la mer Baltique, à cause du commerce de l'ambre [1], et Strabon, qui écrivait à cette époque, confond certainement les Scythes avec les peuples tchoudes, slaves et d'origine ibérienne, car il en voit partout : sur les bords du Palus-Mœotis, à l'est près de l'Oural, probablement au nord des Roxolanes, et même dans la Grande-Bretagne [2]. Il s'exprime à ce sujet de la façon suivante : « Les peuples germains

1. Pline, l. XXII, chap. xi.
2. Strabon, l. II, chap. cxiv.

s'étendent au nord, le long de l'Océan ; mais on
ne connaît que ceux qui habitent de l'embouchure
du Rhin à celle de l'Elbe ; parmi ces peuples,
les Sygambres et les Cimbres sont les plus connus.
Mais nous manquons de renseignements sur tout ce
qui se trouve au delà de l'Elbe, car nous ne connaissons personne chez les anciens qui ait fait le
voyage, le long des côtes jusqu'à l'embouchure,
dans la mer Caspienne ; et d'ailleurs, les Romains
ne se sont pas encore avancés jusque-là. » Dans ces
paroles se reflète tout l'orgueil des Romains, qui ne
voulaient entendre parler que de ce qu'ils avaient
exploré eux-mêmes [1]. Quant au renseignement
relatif aux Roxolanes, Strabon le doit probablement
à Mithridate VI (112), qui était venu secourir les
les Grecs des bords du Pont-Euxin, ce qui eut pour
résultat l'intervention des Romains et la conquête
de la Colchide. Strabon dit d'ailleurs expressément
dans son livre XI, que les nouvelles notions con-

[1]. Voir les vers de Virgile :

> Excudent alii spirantia mollius æra,
> Credo equidem, vivos ducent de marmore vultus :
> Orabunt causas melius, cælique meatus.
> Describent radio, et surgentia sidera dicent.
> Tu regere imperio populos, Romane, memento,
> Hæ tibi erunt artes, pacisque imponere morem,
> Parcere subjectis et debellare superbos.
>
> (*Æneid.*, lib. VI, carm. 848 et seq.)

cernant les peuples du nord de la mer Noire, avaient été fournies par le roi de Pont.

César ordonna le premier qu'on mesurât d'une manière exacte l'étendue de l'empire romain ; mais ce n'est qu'après sa mort, sous le règne d'Auguste, que fut terminé ce travail, travail qui avait duré vingt-neuf ans. Il est presque certain qu'on ne s'était pas borné à mesurer l'empire romain seulement ; sans cela Pline se fondant sur Agrippa ne pourrait nous donner une idée assez exacte sur l'étendue de la Germanie et de la Scythie limitrophe [1]. Pline, toujours prudent, a soin d'ajouter : « Quant à moi, je pense que le mesurage de ces contrées n'est pas toujours très-certain. »

Marianus d'Héraclée nous donne le mesurage des côtes de la mer Baltique d'une manière très-précise ; cet auteur nous indique quatre points avec certitude :

1° Le commencement de cette mer, près du Skager-Rack ;

2° L'embouchure de la Vistule ;

3° L'embouchure de la Narva ;

4° Celle de la Néva.

Isidore de Charax indique même la hauteur où

1. Pline, l. XXXVII, ii, 2.

se trouvait d'après lui l'île de Thulé; d'où vient que l'on confond souvent cette île avec l'Islande? Nous en avons dit plus haut la raison. Koskinen trouve cette supposition inadmissible.

Quant aux découvertes sur la mer, les Romains sous Auguste n'osaient pas trop aller au delà des colonnes d'Hercule, et Pedo Albinovanus, un contemporain d'Ovide, considérait un voyage sur cette mer comme la chose la plus dangereuse; car on laissait le soleil et le jour derrière soi et on était obligé d'affronter des monstres marins, des tourbillons et des courants redoutables !

Ce n'est que quand les Romains eurent subjugué tous les pays jusqu'à l'embouchure du Rhin, et que Drusus eut érigé la *fossa drusiana* (13) qu'une flotte romaine entra dans l'embouchure de l'Ems (12); mais elle dut se retirer aussitôt vers l'île des Bataves, après avoir éprouvé de nombreuses pertes. Quatre ans après Jésus-Christ, une flotte romaine s'avançait jusqu'à l'embouchure de l'Elbe, mais pas plus loin ; ce qui fait que Strabon place en cet endroit la limite du monde connu. Cependant il est plus que probable que des bâtiments de commerce s'étaient avancés jusque dans la mer Baltique, car sans cela comment expliquer l'inscription gravée sur la table de marbre du mausolée d'Auguste à Ancyre :

« Classis Romana ab ostio Rheni ad solis orientis regionem usque ad orbis extrema navigavit, quo neque terra neque mari quisquam Romanorum ante id tempus adiit [1]. »

Sous le règne de Tibère, la mer Baltique fut bien plus explorée. En 15, Tibère franchit le Rhin et Germanicus fit construire la fameuse flotte dont Tacite a fait une si magnifique description : « …D'abord la mer, tranquille sous ces mille vaisseaux, ne retentissait que du bruit de leurs rames, ne cédait qu'à l'impulsion de leurs voiles. Tout à coup, d'un sombre amas de nuages s'échappe une effroyable grêle. Au même instant les vagues tumultueuses, soulevées par tous les vents à la fois, ôtent la vue des objets, empêchent l'action du gouvernail. Le soldat, sans expérience de la mer, s'épouvante ; et, en troublant les matelots, ou les aidant à contre-temps, il rend inutile l'art des pilotes. Bientôt tout le ciel et toute la mer n'obéissent plus qu'au souffle du midi, dont la violence, accrue par l'élévation des terres de la Germanie, la profondeur de ses fleuves, les nuées immenses qu'il chasse devant lui, enfin par le voisinage des régions glacées du Nord, *disperse les vaisseaux*, les entraîne au large ou les

---

1. Chishull, *Antiq. Asiat.* London, 1728, p. 175.

pousse vers des îles bordées de rocs escarpés ou de
bancs cachés sous les flots... [1] » Ceux qui veulent
voir dans l'inscription du monument d'Ancyre une
allusion à ces vaisseaux dispersés, et qui prétendent
que c'étaient ces vaisseaux qui avaient été poussés
au delà de l'embouchure de l'Elbe, commettent une
grave erreur, car Auguste était mort depuis deux ans,
et Pline dit expressément [2] : « A Gadibus columnisque
Herculis, Hispania et Galliarum circuitu, totus hodie
navigatus Occidens. Septentrionalis vero Ocea-
nus majore ex parte navigatus est auspiciis Divi
Augusti, Germaniam classe circumvecta ad Lim-
brorum promontorium : et inde immenso mari pro-
specto aut fama cognito, ad Scythicam plagam et
humore nimio rigentia. » Il veut certainement parler
ici de l'expédition indiquée sur le monument d'Ancyre, et non de celle qui eut lieu sous le règne de
Tibère. D'un autre côté, il est certain aussi que beaucoup de vaisseaux de la flotte de Germanicus s'étaient
égarés jusque vers les pays les plus reculés; c'est
pour cela que Pline dit : « Et a Germania immensas
insulas non pridem compertas cognitas habeo [3]. »
Il veut parler de la Scandinavie et il dit dans son

1. *Annales,* livre II, 23.
2. Pline, 67.
3. Pline, II, 112.

liv. **IV**, chap. xxvii, que les riverains de la mer
Baltique étaient : les Hirres, les Scirres, les Venèdes, les Sarmates et les Scythes ; et dans un passage de Solin [1] nous voyons même que Germanicus
s'est avancé jusqu'au pays où on trouvait l'ambre.

Comme coïncidence frappante avec cette première exploration des côtes de la mer Baltique par les
Romains, on peut citer le fait que les plus anciennes
pièces d'argent trouvées dans les fouilles de l'île
d'Œsel, datent d'Auguste et de Tibère, ce qui dé-
montrerait jusqu'à preuve du contraire que les Romains n'y sont pas venus avant cette époque [2].

Dionysius Périegète, sous le règne d'Auguste,
nous décrit dans son Periple les contrées situées
au nord de l'Ister ; il cite les Germains, les Sarmates, les Gètes, les Bastarnes, les Daces, les Alains,
les Mélanchlænes, les Hippemolges, les Neures,
les Gélons et les Agathyrses [3]. Nous voyons donc,
ici encore, que les Scythes se sont confondus avec
les Sarmates et non pas avec les Mélanchlænes comme
Kruse le pense. Nous trouvons les Neures et les
Gélons, comme dans Hérodote, voisins des Mélanchlænes, ainsi que les Hippemolges d'Homère ; les

---

1. Solin, Chap. xxxiii.
2. Kruse, *Necrolivonica,* Tafel 56, fig. 5, 6.
3. Dion. Periegètes, 302-320.

Alains ont remplacé les anciens Scythes royaux ; et les Agathyrses, qui, du temps d'Hérodote, se trouvaient en Transylvanie, ont été refoulés par les Daces, et se sont retirés vers les côtes du Nord, d'où ils ont chassé à leur tour une partie des Mélanchlænes.

Philémon, qui écrivait sous Tibère, appelle cette mer septentrionale Morimaruse, nom qui ne se peut expliquer que par le slave (traduction de mer Glaciale des Grecs), et il appelle le Néva Paropamisus. Ces renseignements détaillés sur tous ces pays n'ont pas lieu de nous surprendre, quand on pense que Velléius Paterculus nous dit que Tibère avait parcouru en vainqueur toutes les parties de la Germanie. On était donc parfaitement à même de se procurer des renseignements précis.

Sous les empereurs suivants, Pomponius Méla composa sa *Géographie* (40), Pline son *Histoire naturelle* (78), et Tacite sa *Germanie* (98). Tous trois s'appuyaient le plus souvent sur des données antérieures ; ce qui explique pourquoi nous avons déjà cité Pline à plusieurs endroits de notre travail.

Sous Néron, un chevalier romain visita les côtes d'ambre, et Pline nous décrit longuement le résultat de ce voyage dans le chapitre xxxvii de son *Histoire naturelle*.

Pomponius Méla, brodant sur ce qu'Hérodote nous avait dit sur le compte des Androphages, des Gélons, des Mélanchlænes et des Neures, nous fait des récits plus ou moins vraisemblables sur le compte de ces peuples. Il importe de constater, en passant, qu'il parle le premier des Mélanchlænes près du Caucase. Après avoir décrit la Colchide, Pomponius Méla ajoute (I, 19) : « At in primo flexu jam curvi litoris oppidum est, quod Græci mercatores Cygnum appellasse dicuntur. Reliqua ejus feræ incultæque gentes vasto mari assidentes tenent Melanchlæni, etc. » (1re partie, IIe chap.). Pline, peu de temps après Pomponius Méla, dit presque dans les mêmes termes : « Reliqua litorum feræ nationes tenent Melanchlæni, Coraxi urbe Colchorum Dioscoriade nunc deserta, quondam adeo clara ut Timosthenes in eam CCC nationes dissimilibus linguis descendere prodiderit. Et postea a nostris CXXX interpretibus negotia ibi gesta sunt. » Le nom de Melanchlænes du Nord est inconnu à Pline. Ce nom disparaît d'ailleurs entièrement depuis ce temps, et Pline (liv. IV, chap. XXVII) place dans le pays des côtes du Nord, qu'il appelle Eningia (Feningia), les Sarmates, les Venèdes, les Hirres, les Scirres, etc.

Mais Tacite est le premier qui appelle les

Touraniens du Nord par leur nom d'aujour-
d'hui ; il parle des Estyens et des Fennes dans son
XLVe chap. de la *Germanie* [1].

1. Tacite, *Germanie,* ch. XLV.

« Au delà des Suiones est une autre mer, dormante et
presque immobile. On croit que c'est la ceinture et la borne du
monde, parce que les dernières clartés du soleil couchant y durent
jusqu'au lever de cet astre, et jettent assez de lumiere pour
effacer les étoiles. La crédulité ajoute qu'on entend même le
bruit qu'il fait en sortant de l'onde, qu'on aperçoit la forme de
ses chevaux, les rayons de sa tête. La vérité est que la nature
finit en ces lieux. En revenant donc à la mer suévique, on trouve
sur le rivage à droite les tribus des Estyens. Ils ont les usages
et l'habillement des Suèves ; leur langue ressemble davantage à
celle des Bretons. Ils adorent la Mère des dieux. Pour symbole
de ce culte, on porte l'image d'un sanglier : elle tient lieu
d'armes et de sauvegarde ; elle donne à l'adorateur de la déesse,
fût-il entouré d'ennemis, une pleine sécurité. Les Estyens combattent peu avec le fer, souvent avec des bâtons. Ils cultivent
le blé et les autres fruits de la terre avec plus de patience que
n'en promet la paresse habituelle des Germains. Ils fouillent
même la mer, et seuls de tous les peuples ils recueillent le
succin, qu'ils appellent *gless* : ils le trouvent entre les rochers
et quelquefois sur le rivage. Quelle en est la nature et comment
il se forme ? c'est ce que des barbares n'ont ni cherché ni découvert. Longtemps même il resta confondu parmi les viles matières
que rejettent l'Océan, et c'est notre luxe qui l'a mis en réputa-
tion. Les gens du pays n'en font aucun usage ; ils le recueillent
brut, nous l'apportent dans son état informe, et s'étonnent du
prix qu'ils en reçoivent. Le succin doit être la gomme de certains arbres : souvent en effet sa transparence y laisse apercevoir
des animaux terrestres et même des insectes ailés, qui s'embar-
rassent dans cette substance encore fluide, et finissent, quand

« En revenant donc à la mer Suévique, on trouve sur le rivage à droite les tribus des Estyens. Leur langue ressemble davantage à celle des Bretons... » Cette dernière observation de Tacite a fait que longtemps les savants considérèrent les langues finnoises, esthoniennes, etc., comme des langues celtiques.

Dans le chapitre suivant, le dernier de son livre, Tacite continue : « Les Peucins, les Venèdes, ont les usages et l'habillement des Suèves ; eux et les Fennes, sont-ils des nations germaniques ou sarmates? Je ne saurais le dire. Toutefois les Peucins, que quelques-uns nomment Bastarnes, ont le langage, l'habillement, les habitations fixes des

elle durcit, par y rester emprisonnés. Il serait donc vrai que, s'il est au fond de l'Orient des végétaux qui distillent le baume et l'encens, il existe aussi, dans les îles et les terres de l'Occident, des forêts et des arbres d'une fécondité inconnue, dont le suc, exprimé par les rayons d'un soleil si rapproché de ces climats, s'écoule et tombe dans la mer voisine, et vient, apporté par les vents et les flots, se décharger sur les côtes opposées. Si l'on éprouve la nature du succin en l'approchant du feu, il s'allume comme un flambeau et jette une flamme grasse et odorante ; bientôt il s'amollit comme la poix ou la résine. Après les Suiones viennent immédiatement les Sitones. Semblables en tout le reste, ils diffèrent d'eux en un point : c'est qu'ils obéissent à une femme, tant ils sont tombés au-dessous, je ne dirai pas de la liberté, mais de la servitude elle-même. Là finit la Suévie.   (Trad. Burnouf.)

Germains... Les Venèdes ont pris beaucoup de leurs mœurs... Quant aux Fennes, ils étonnent par leur état sauvage et leur affreuse pauvreté. Chez eux point d'armes, ni de chevaux, ni de foyer domestique. Ils ont pour nourriture de l'herbe, des peaux pour vêtement, la terre pour lit[1], etc...

1. Tacite. *Germanie,* ch. XXXXVI.

« Les Peucins, les Vénèdes et les Fennes sont-ils des nations germaniques ou sarmates ? Je ne saurais le dire. Toutefois les Peucins, que quelques-uns nomment Bastarnes, ont le langage, l'habillement, les habitations fixes des Germains. Tous végètent dans l'inertie et la malpropreté; les principaux, en se mêlant par le mariage avec les Sarmates, ont contracté quelque chose de leurs formes hideuses. Les Vénèdes ont pris beaucoup de leurs mœurs. En effet, tout ce qui s'élève de montagnes et de forêts entre les Peucins et les Fennes, les Vénèdes l'infestent de leurs brigandages. On incline cependant à les compter parmi les Germains, parce qu'ils se construisent des cabanes, portent des boucliers, aiment à se servir de leurs pieds et même se piquent de vitesse, différents en tout cela des Sarmates, qui passent leur vie à cheval ou en chariot. Quant aux Fennes, ils étonnent par leur état sauvage et leur affreuse pauvreté. Chez eux, point d'armes, ni de chevaux, ni de foyer domestique. Ils ont pour nourriture de l'herbe, des peaux pour vêtement, la terre pour lit. Toute leur ressource est dans leurs flèches, qu'ils arment, n'ayant pas de fer, avec des os pointus. La même chasse nourrit également les hommes et les femmes, car celles-ci accompagnent partout leurs maris et réclament la moitié de la proie. Les enfants n'ont d'autre abri contre la pluie et les bêtes féroces que les branches entrelacées de quelque arbre, où leurs mères les cachent. C'est là que les jeunes gens se rallient, que se retirent les vieillards. Ils trouvent cette condition plus heu-

Nous voyons dans ces paroles de Tacite, qui s'appliquent si parfaitement aux Lapons d'aujourd'hui, qu'à cette époque les Lapons occupaient encore la majeure partie de la Finlande.

Tacite termine ainsi son livre : « Tout ce que l'on ajoute encore tient de la fable, par exemple, que les Helluses et les Oxiones ont la tête et le visage de l'homme, le corps et les membres de la bête. Je laisserai dans leur incertitude ces faits mal éclaircis. » Les Helluses, que Tacite place en dehors de l'histoire et de la géographie certaine, sont probablement des habitants d'origine finnoise, qui habitaient les Kiœles les plus élevés, et un savant, nommé Zeus, explique ingénieusement que ces animaux à face humaine n'étaient autre chose que des hommes couverts de fourrures. Les Oxions seraient, d'après Kruse, les Ostiaks, qui se vêtissent de la même manière ; mais, cette supposition nous paraît peu fondée.

reuse que de peiner à cultiver les champs, d'élever laborieusement des maisons, d'être occupés sans cesse à trembler pour leur fortune et à convoiter celle d'autrui. Ne redoutant rien des hommes, ne redoutant rien des dieux, ils sont arrivés à ce point si difficile de n'avoir pas même besoin de former un vœu. Tout ce qu'on ajoute encore tient de la fable, par exemple, que les Helluses et les Oxiones ont la tête et le visage de l'homme, le corps et les membres de la bête. Je laisserai dans leur incertitude ces faits mal éclaircis. (Trad. Burnouf.)

Il résulte de tous ces détails, dit Kruse, que les connaissances géographiques des pays au nord et au nord-est, s'étaient considérablement accrues à cette époque ; et nous en saurions certainement plus long, si les ouvrages de Ménippe de Pergame, de Philos de Byblos, et les ouvrages géographiques de Sénèque, n'étaient point perdus.

C'est à cette même époque que nous entendons parler pour la première fois du peuple des Sères, sur les frontières occidentales de la Chine ; ce peuple fournissait, paraît-il, même des renseignements sur la Sibérie [1].

Peu de temps après Marinus de Tyr (141), Ptolémée (180) s'occupait tout particulièrement du perfectionnement de la science géographique ; Agathodémon dessinait de nombreuses cartes pour l'intelligence et l'explication de Ptolémée ; et Marcianus d'Héraclée, nous fournit un résumé de la géographie de Ptolémée, mais avec des changements et des augmentations.

Jusqu'à Ptolémée, on ne s'était nullement préoccupé de la forme ronde de la terre ; et c'est ce célèbre mathématicien qui le premier corrigea les cartes du Tyrien Marinus, et inventa le système de projections qui porte encore aujourd'hui son nom. Sur

1. Arrian, *periplus Maris Erythraei*. Ed. Huds., p. 32-38.

ces cartes, les frontières de l'Asie commencent, comme chez ses devanciers, sur les bords du Don et du Volga.

Chez Ptolémée, nous remarquons tout d'abord que les Scythes se sont complétement confondus avec les Sarmates ; car le nom Scythe ne se rencontre plus que joint au nom des Alains (Alauni-Scythæ), que Marcian désigne comme un peuple sarmate [1].

Quant aux autres peuples désignés par Ptolémée, les Jazyges, les Roxolanes, près du Palus-Mœotis, les Venèdes, les Phinnes et les Agathyrses méritent surtout notre attention.

Examinons brièvement les différents peuples indiqués sur la carte de Ptolémée :

1° Les Venèdes, qui s'étendaient depuis Dantzik jusqu'en Courlande, étaient certainement d'origine slave ; c'étaient probablement les Vendes.

Il est également probable que les Suèves, peuple germanique qui habitait à ce même endroit, du temps de Tacite, quittèrent les parages de la mer Baltique à la suite des guerres contre les Marcomans (98 à 180), et s'avancèrent jusque dans l'intérieur de l'Allemagne. Les Vénèdes les remplacèrent sans exterminer et sans chasser entièrement

1. Dodwell; *de Marc. Heracleot in Huds. Geogr.* Gr. Min.

les peuples de race Tchoude qu'ils y trouvèrent.
Au contraire, ces peuples Tchoudes restèrent dans
leur pays, sous la domination de Vénèdes.

2° Les Gytons sont vraisemblablement les Guttes
de Pythéas, que le géographe de Massilie désigne
de telle façon que nous croyons les reconnaître
pour des Germains.

3° Les Phinnes sont un reste compacte de
population Tchoude, refoulée vers le nord et le
nord-est.

4° Les Galindes, les Sudins, les Veltes sont des
populations slaves.

5° Les Osiens ou Hossiens et les Carbons étaient
les pères des Tchoudes de ces contrées, les ancêtres
des Esthoniens, des Livoniens et des Kreevinges.

6° Les Caréotes et les Saliens pourraient bien
être aussi de race finnoise.

7° Quant aux Aorses, aux Pagrites, aux
Nasces, aux Acibes, aux Savares et aux Borusses,
Schaffarick s'en est beaucoup occupé, et nous pensons que tous ces peuples étaient de race slave,
souvent mélangés de germains, comme les Borusses
par exemple [1].

8° Les Agathyrses, nous les voyons du temps

---

1. Schaffarick, *Slavische Alterthümer*, II.
Heinrich der Lette, Gruber.

d'Hérodote en Transylvanie et du temps de Pline entre les Budins et les Scythes royaux; Ptolémée place une partie de ce peuple encore dans une contrée différente.

Hérodote les appelle des hommes considérables, qui portaient tous de l'or; Méla prétend qu'ils avaient l'habitude de se tatouer le visage, selon leur rang; Virgile même les connaît et les appelle « Pictes [1]. »

Nous pensons que les restes de ces Agathyrses, de race slave, qu'Étienne de Byzance place aussi au nord du Balkan (les restes des Agathyrses d'Hérodote), se sont confondus avec les Pélasges, et sont les pères des Roumains d'aujourd'hui. D'après Schaffařick, ils auraient quitté les contrées qu'ils habitaient du temps d'Hérodote, en 218 avant J.-C., chassés par les Gaulois (Celtes) [2].

Voici ce que pense Koskinen relativement aux peuples cités par Pline, Tacite et Ptolémée :

Les Bastarnes, qui parurent à l'est en 178 avant Jésus-Christ, sont mis par lui au nombre

1. Hérodote, IV, c111.
Pline, IV, x11.
Ptolémée, *Geogr.,* III, v.
Pomponius Méla, II, 1, 11, x.
Virgile, *Æn.,* IV, c111.
2. Schaffařick, *Slarische Alterthümer,* I, c. 11, p. 476.

Gravé chez Erhard
Dres
1 Plin. H. Nat. H. 5
2 Pomp. Mela cap
.... B... H.

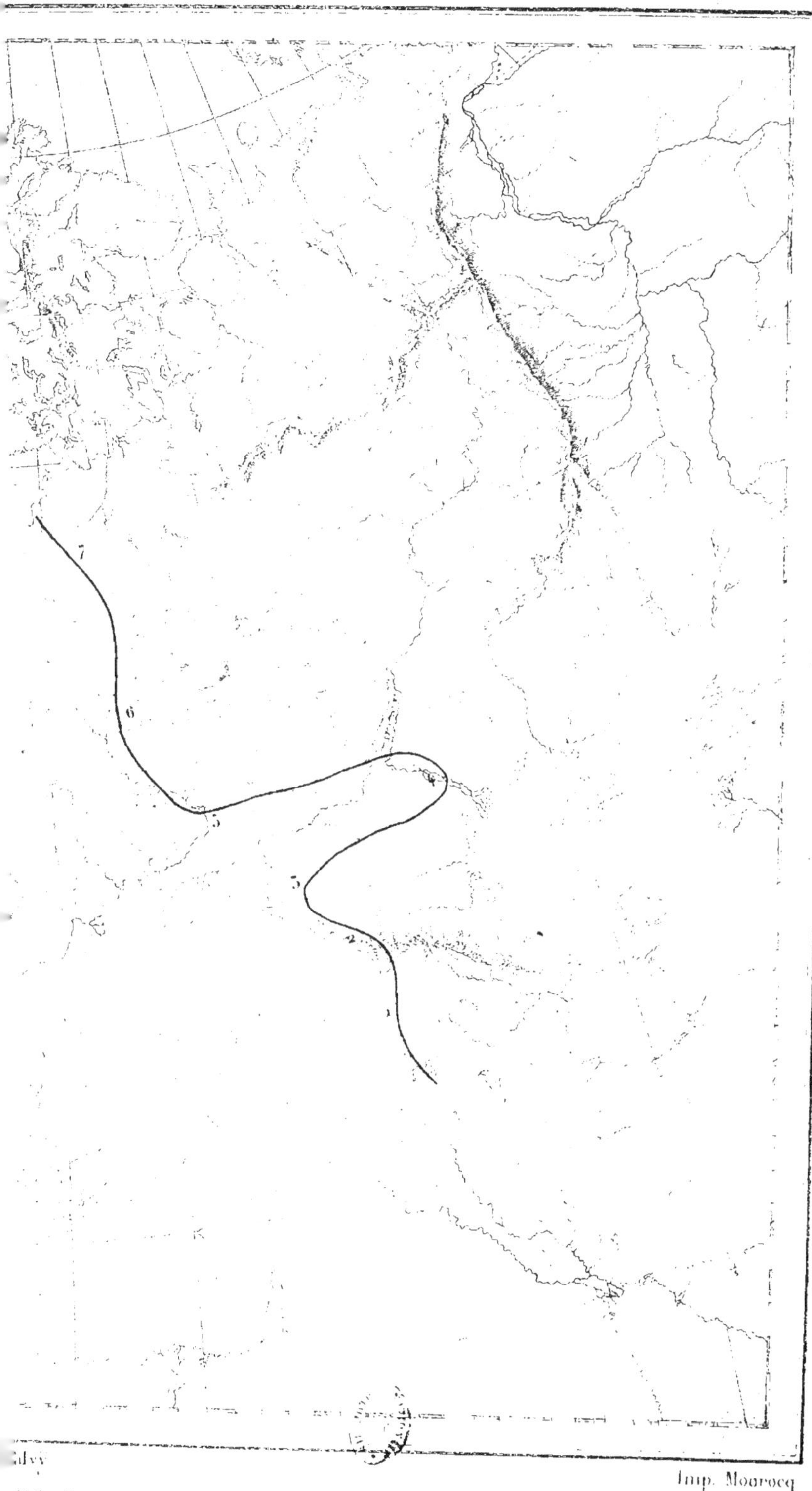

Imp. Mourocq

des Germains. D'après lui, les Aorses sont les Ersas,
une branche des Mordouans, les Siraks des Syriènes,
les Alains et les Roxolanes des peuples de race slave.
Le nom de ces derniers est composé de deux mots :
Rha, Rho, et Alanes (Alains). Rho, Rha avaient
deux significations : c'était le nom qu'on donnait
au Volga [1]; c'était aussi la dénomination finnoise
des peuples goths. Les Roxolanes peuvent donc
être ou des Slaves habitant le bord du Volga, ou
des Germano-Slaves. Nous inclinons vers cette dernière manière de voir.

1. Voir Ptolémée et Agathemée.

IV.

AUTEURS ROMAINS, GRECS, GOTHS, BYZANTINS, SLAVES, ETC.

Il faut consulter, sur l'antiquité des Goths, Solinus (250) [1], Agathemère (au milieu du IIIe siècle) [2], Marcianus d'Héraclée (300) [3], Ammien Marcellin (370) [4], Pappus d'Alexandrie, la *Tabula peutingeriana* (qui fut achevée sous Théodose) [5], et Paul Orose [6]. Tous ces auteurs nous racontent peu de faits nouveaux, et ils se bornent à compiler les écrits de leurs devanciers.

Les Byzantins nous fournissent des détails beaucoup plus nombreux sur le nord de l'Europe. Il y a huit siècles, le chroniqueur russe Nestor nous fit connaître un monde presque ignoré jusqu'alors et des voyageurs arabes en donnèrent des descriptions fort intéressantes.

Jornandès nous prouve que les Goths n'ont

1. *Polyhist.*, cap. III.
2. Agathem., *Geogr.*
3. Marcian. *Heracleota Peripl.* Hudson, *Geogr.* Gr. Min.
4. Ammien Marcellin, l. XXI, cap. VII.
5. *Tab. peut.*, VII, VIII, IX.
6. Orose, I, c. II.

pas été sans traditions, ni sans anciens auteurs [1]. L'Anonyme de Ravenne (886) nous cite, parmi les sources où il a puisé, outre Ptolémée, un grand nombre d'auteurs perdus, tels que Hilas, Sardonius, Crithanarit, Eldevaldus, Marcomir, Ménelach, Aristarch, etc., tous philosophes et écrivains goths. Cet étrange compilateur dit des Danois ce que Jornandès disait des Goths : il les appelle *Doctissimos homines et audaces.*

Quoi qu'on puisse penser de la véracité de cet écrivain, on ne pourra certes pas suspecter les auteurs du moyen âge, tels que Cassiodore (513), Jornandès (352), Procope (de la même époque), et Paul Warnefried (799), qui ont tous fait usage de ces traditions. D'ailleurs, quand des savants modernes comme Müller, Rask, Finn-Magnusen, Sjögrén, Karamsin, etc., se sont servis avec succès des mêmes traditions, on peut en faire autant sans aucun scrupule.

Il y a surtout deux poésies anglo-saxonnes qui présentent un certain intérêt.

C'est d'abord la tradition de Beorwulf, qui s'est formée de diverses poésies, en 600 avant Jésus-Christ, mais qui ne reçut qu'au XIe siècle sa forme

1. Jornandès, *De Rebus Getisis,* IV.

actuelle [1]. La seconde poésie est intitulée la *Conti-
nuation du Voyage d'un chanteur* (Scôpes Vidsidh);
elle est antérieure à l'époque où les Anglo-Saxons
passèrent en Bretagne, mais elle n'a été augmentée
et complétée qu'aux viie et viiie siècles [2].

L'époque où la littérature scandinave prit naissance est difficile à préciser; mais il est plus que
probable qu'elle précéda l'invention de l'écriture
gothique par l'évêque Ulphilas, dans la seconde
moitié du ive siècle. Jusqu'à présent on croyait
que tout ce qui avait été écrit avant Dahlmann
(777) était de pure invention; mais les fouilles et
les recherches modernes ont prouvé combien cette
opinion était mal fondée.

Saxo Grammaticus avait parlé d'une inscription
gravée sur le rocher de Bleckingen [3]. Longtemps on
a douté de l'exactitude de cette assertion, jusqu'à
ce que Finn Magnusen eût prouvé l'existence de
l'inscription et l'eût expliquée d'une façon très-
claire et très-intelligible.

D'après Jornandès, les Goths quittant leur

1. Beorwulf, *Heldengedicht des 13. Jahrhunderts,* von
L. Etmüller. Zurich, 1840.

2. Leo., *Angelsächsische Sprachproben.* Halle, 1883.
Scôpes Vidsidh. *Sängers Weiterfahrt,* Angelsächsisch und
Deutsch von L. Ettmüller.

3. *Saxo Grammatic.* éd. Klotz.

première patrie, la Scandinavie, auraient envahi
la Russie méridionale ; c'est là que l'empereur
Caracalla leur fait la guerre sur les bords du Pont-
Euxin [1]. C'est dans ces contrées, dit Jornandès,
qu'ils se sont divisés en Wisigoths et en Ostrogoths.
Mais bientôt ils quittent ce pays pour aller plus à
l'ouest ; nous en trouvons la confirmation dans Jornandès même, qui dit qu'au nord des Goths, les
Slaves, « la grande nation des Vinides », occupaient tous ces pays jusqu'à l'embouchure de la
Vistule.

L'ancien séjour des Vinides, sur les côtes de la
mer Baltique, est maintenant occupé par les Vidioariens et par les Esthoniens. « Post quos Ripam
Oceani Itemesti (Item Esti) tenent pacatum homi-
num genus omnino. » (Jornandès.)

Au sud des Esthoniens nous trouvons le vaillant
peuple des Agazires, qui menait une vie nomade et
vivait de la chasse ; plus loin les Bulgares, près
du Pont-Euxin.

De ces contrées venaient les Huns, divisés en
deux tribus : les Aulziagres (près de la Chersonèse),
et les Aviri (Avares) : « Là, dit Jornandès, on connaît aussi les Hunugres, qui habitaient d'abord la

1. Jornandès. *De Reb. Get.*

Scythie, plus tard près du Palus-Mœotis, ensuite en Mésie, en Thrace, en Dacie, puis au-delà du Pont-Euxin, et de nouveau en Scythie. » « Là, dit Kruse, qui tient à l'origine commune des Esthoniens et des Magyares, nous rencontrons de nouveau les Hunugres (Hongrois); nous voyons en même temps que les peuples tchoudes de l'est se sont confondus avec les peuples de race germanique et slave, et sont devenus les Vidioariens. » Nous citons cette opinion, mais nous ne la partageons nullement, si séduisante qu'elle puisse paraître.

Les peuples slaves et même finnois furent certainement entraînés dans les guerres des Romains contre les Goths du Pont-Euxin : les surnoms que les Romains donnèrent à leur empereur Gallus en sont la preuve. Les surnoms étaient Finicus, Galindicus et Venedicus (c'est-à-dire celui qui a vaincu les Finnois, les Galindes et les Vandes), surnoms qui ne tiraient leur origine que de la vanité romaine, mais qui nous prouvent en même temps combien était grande l'influence exercée à cette époque par la prépondérance des Goths sur ces autres peuples. Maxime s'était bien donné à lui-même et à son fils le surnom de Sarmaticus, ce qui prouverait que la domination romaine se serait étendue sur tous les pays sarmates, jusqu'au bord de la mer Baltique.

A cette époque nous voyons par une nouvelle preuve combien de fois le nom de Scythe a changé de destination, et combien de peuples il a servi à désigner, car Zosime appelle simplement Scythes tous les Goths qui venaient grossir les armées de Constantin.

Jornandès nous cite un à un tous les peuples du nord qu'Hermanrich soumit à son sceptre. Nous voyons de nouveau tous les peuples tchoudes et en outre les Esthoniens de Tacite considérés comme faisant partie de l'empire des Goths ; plus loin les Bronches, qui, d'après Schaffařick ne sont autres que les Barmiens, ce qui serait une preuve que l'empire d'Hermanrich s'étendait bien loin vers le nord ; à la suite les Mordens (Mordouans) et les Mordens Remiseans, dans lesquels Schaffařick croit reconnaître les Tchérémisses.

Si cette dernière opinion nous paraît plus difficile à soutenir, il en résulte néanmoins que les Mordouans, les frères des Magyares, se trouvaient déjà à peu près au même endroit qu'ils occupent maintenant, et ces Mordens Remiseans pourraient être aussi bien les Magyares eux-mêmes.

L'empire d'Hermanrich était donc plus étendu

que ne l'est aujourd'hui la Russie d'Europe : la Vistule à l'ouest, la mer Baltique au nord, l'Oural à l'est et le Danube au sud étaient ses limites.

Mais cette splendeur ne devait pas durer longtemps. En 374, les Huns, sous Balamir et Vala, envahissent l'empire d'Hermanrich ; celui-ci est assassiné par un Roxolane ; les Wisigoths se séparent des Ostrogoths et s'enfuient chez l'empereur romain Valence, en Thrace, où ils deviennent chrétiens. Les Ostrogoths, partageant le sort des Alains, sont subjugués par les Huns et combattent longtemps dans les armées hunniques.

Ammien Marcellin (370) nous cite, au chapitre VII de son XXI° livre, les différents peuples qui habitaient autour du Palus-Mœotis. Ces peuples étaient les Jaxamates, les Merectes, les Jazyges, les Roxolanes, les Alains, les Mélanchlænes, les Gelons et les Agathyrses. Dans le II° chapitre de son XXXI° livre, il dit que les immenses plaines de la Scythie étaient occupées par les Alains ; ensuite, près de hautes montagnes, habitaient les Neures, derrière eux les Vindes (Budins), les Gelons à côté de ces derniers, les Agathyrses, et derrière eux les Mélanchlænes et les Androphages ; toute la contrée au sud-est, dit-il, est inhabitée jusqu'au pays des Seres.

Mais Ammien Marcellin, ainsi que la *Tabula Peutingeriana* (terminée sous le règne de Théodose), représentent toujours la mer Caspienne comme un golfe de la mer Septentrionale [1]. Surosius (450) émet des opinions encore plus erronées ; il ne se contente pas de représenter la mer Caspienne comme un golfe de la mer du Nord ; il met les Alains, les Huns et les Goths au nombre des peuples scythes, tous peuples que Gratien vainquit sous le règne de Théodose.

Les Slaves, profitant du désastre des Goths et du départ des Huns, s'étendirent alors librement de la Vistule aux Karpathes, jusqu'au Danube, jusque sur les côtes de la mer Noire, et de là s'avancèrent jusqu'à Kiew et Nowgorod. Après que les Goths eurent émigré vers l'ouest de l'Europe, où, à l'aide des Alains, des Suèves, des Francs, des Vandales, des Burgondes ils contribuèrent à la formation de presque tous les empires modernes, on les vit disparaître de ces contrées. Le nord de l'Europe devient, comme jadis, essentiellement commerçant ; les Scandinaves, et plus tard les Normands, s'assurèrent une route à travers la Russie centrale pour se procurer les produits de Byzance et de la Perse. C'est donc grâce

[1]. *Tab. Peut.,* Segm. VIII.

au Dniéper et au Volga que ce commerce put devenir florissant, et le célèbre chroniqueur russe Nestor, dont les ouvrages précieux ont été découverts et recueillis sous le règne de Pierre le Grand, nous décrit en détail ces différents itinéraires.

Ibn Foszlan, envoyé arabe auprès du royaume des Bulgares, se rend au bord du Volga près de Kasan, et nous fait un tableau fort curieux des mœurs de ce peuple [1].

L'autre route commerciale qui suit le cours de la Duna et celui du Dniéper, nous est retracée de la manière la plus explicite par Constantin Porphirogenète. Cet empereur, dont le grand-père était venu comme esclave à Byzance, était bien à même de nous faire une description exacte de ces contrées.

En 453, l'empire de Huns s'écroule subitement; et les Gépides, Onogoures et Slaves fondent des empires à leur tour.

L'apparition des Huns dans le centre et l'occident de l'Europe est un fait si surprenant, leur grande fortune, d'une si courte durée, présente des côtés si intéressants, que nous nous permettons de nous arrêter à ce peuple pour parler un peu plus longuement de son origine et de ses destinées.

1. *Ibn Foszlan und anderer Araber Berichte über die Russen älterer Zeit,* v. Frähn. St Petersburg. 1823.

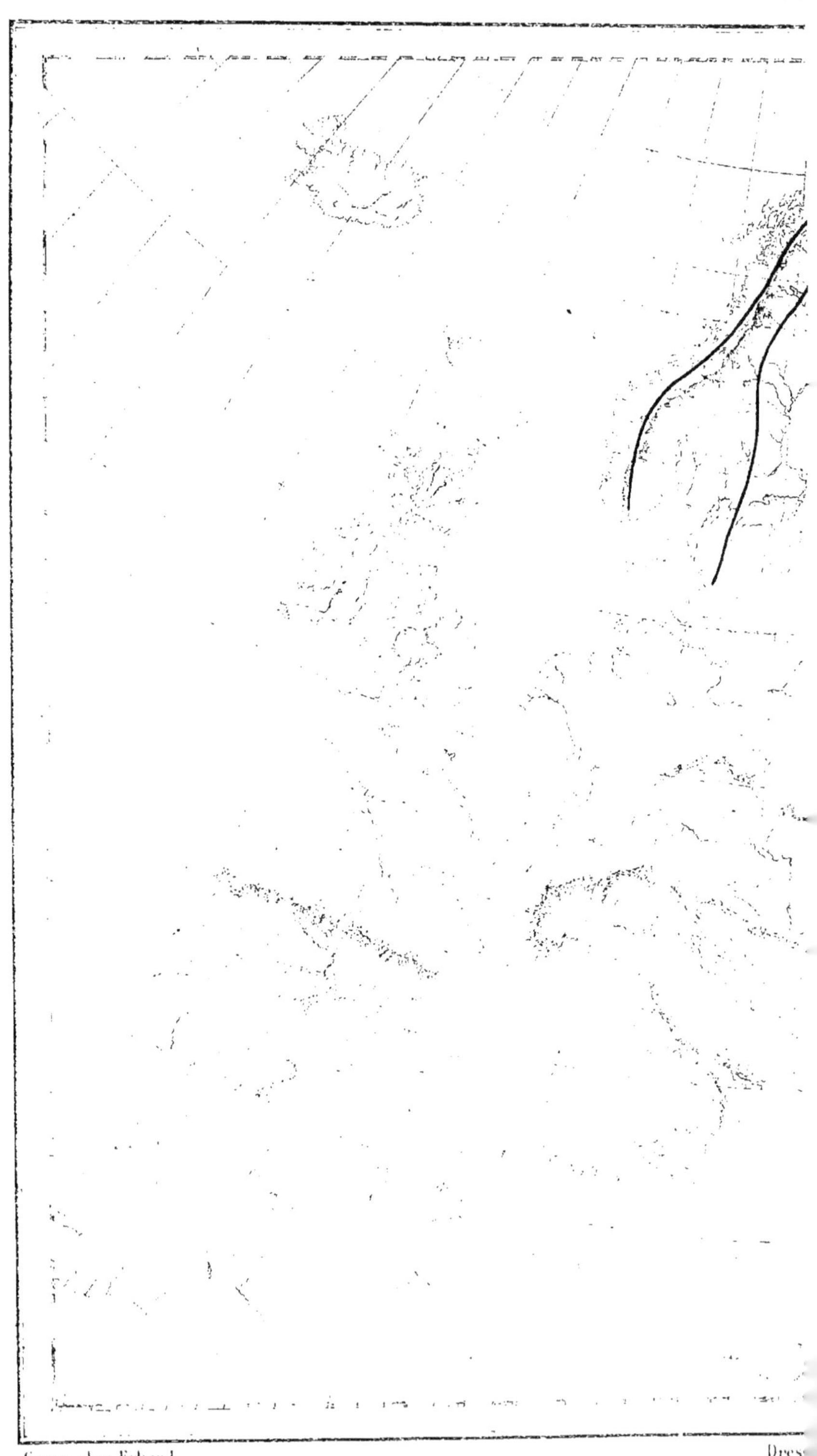

Gravé chez Erhard

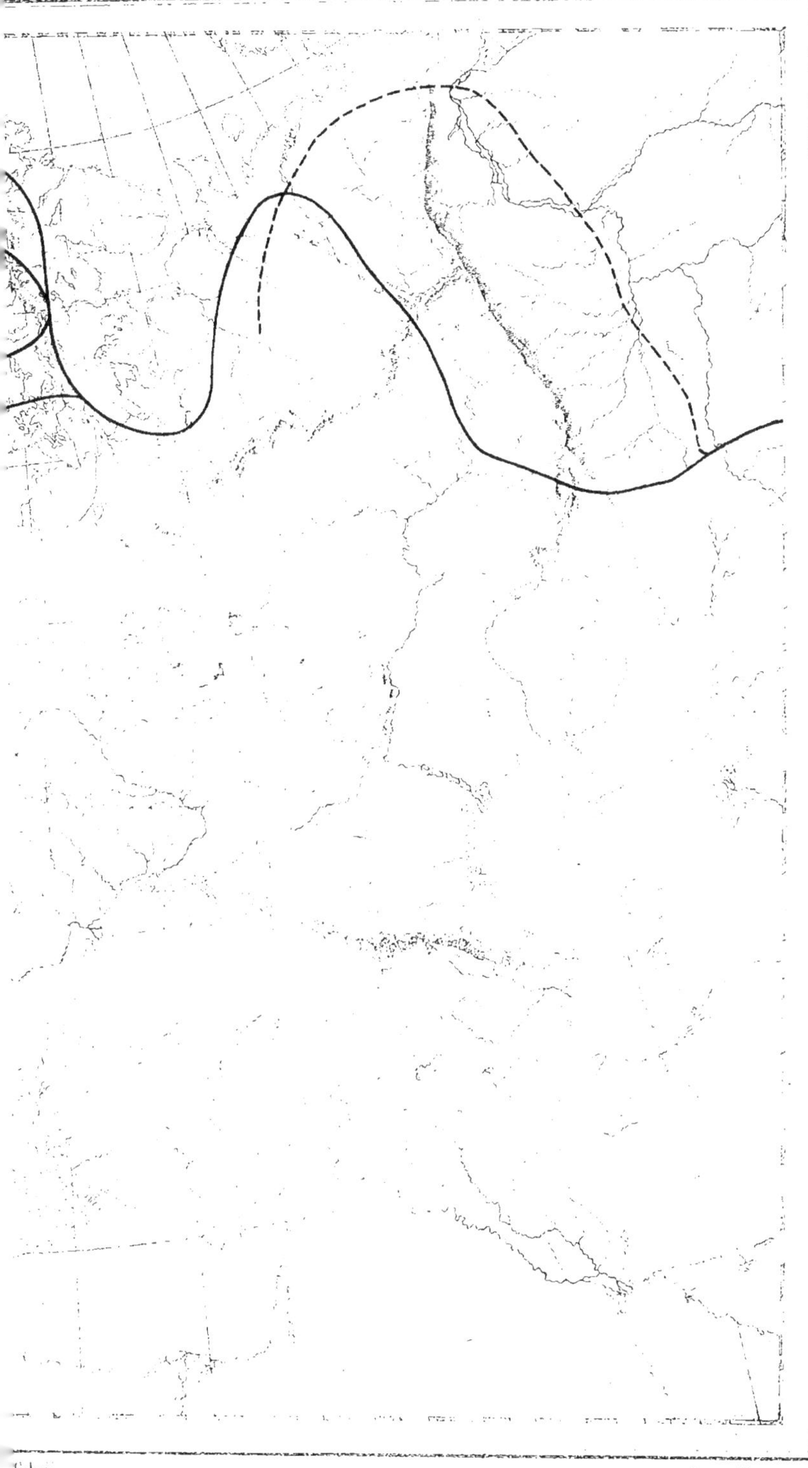

S.(TOURANIENS)
Talvy
Samoïèdes
Imp Monrocq

C'est ici que nous allons consulter Koskinen, qui jusqu'à ce jour a certainement fait les études les plus approfondies sur ce sujet. Les Huns, dit Koskinen, apparaissent dans l'histoire en 375.

D'où sont-ils venus? De quelle race sont-ils? A ces deux questions il a été fait jusqu'à présent des réponses bien différentes et souvent contradictoires.

Koskinen passe d'abord en revue les opinions des autres auteurs compétents, puis il en tire des déductions fort intéressantes.

Le premier fait, le voici : les Huns avaient déjà, deux cents ans avant leur arrivée sur les bords du Danube, habité près du Volga, parmi d'autres peuples.

Ptolémée est le premier qui en parle; seulement la position qu'il leur donne se trouve certainement située trop à l'ouest. Les Chuns de Ptolémée ne sont pas autre chose que les Huns. Il les place dans la Sarmatie européenne. Cent ans après, nous les rencontrons, près des embouchures du Volga, à l'ouest de la mer Caspienne. Nous avons deux preuves de ce fait : d'abord Denys Periégète (à la fin du IIIe siècle) les place à cet endroit; ensuite Moïse de Chorone, écrivain arménien, dit que le grand Tiridate, après avoir battu les peuples de l'autre côté

du Caucase, les aurait chassés jusque dans le pays
de Hunks (c'est ainsi que les auteurs arméniens appellent les Huns) ; ajoutons à cela l'assertion d'Ammien, qui dit qu'en 375 ils habitaient de l'autre
côté du Paolus-Mœotis, près de la mer Glaciale. (On
voit que cet auteur supposait que la mer Glaciale se
trouvait tout près de la mer Caspienne et de la mer
d'Azow.) Nous sommes donc persuadé que les
Huns ont habité l'Europe bien avant leur invasion
dans l'empire romain.

Mais, d'où sont-ils venus?

La plupart des auteurs grecs et latins les prennent pour des restes des Scythes royaux d'Hérodote;
tel est l'avis de Zosime, de saint Jérôme et d'Aga-
thias.

Les Goths, pour expliquer la grande frayeur que
leur avaient inspirée les Huns, leur attribuent une
origine fabuleuse; voyez à ce sujet ce qu'en dit
Jornandès.

Constantin Manassès raconte que Sésostris ayant
subjugué toute l'Asie avec l'aide des Huns aurait
changé leur nom en celui de Parthes.

Czerning trouve même leurs traces en Égypte ;
ce qui surpasse les limites de l'invraisemblable.

Plus sérieuse est l'opinion de Déguignes, qui
croit les retrouver dans les Hiung-nus de la Chine,

les ouvriers du fameux mur (214 ? avant Jésus-
Christ).

Mais Klaproth ne partage pas cette manière de
voir, car il les considère comme des Finnois, et prétend que les Hiung-nus étaient un peuple d'origine
turque.

Déguignes a du moins, aux yeux de Koskinen, le
grand mérite d'avoir attiré l'attention des savants
sur les sources historiques dues aux auteurs chinois.
D'après ces sources, voici quelle serait l'histoire
ancienne de l'Asie centrale.

Les populations turques qui habitaient les bords
de l'Amur et du Sélenga, sur les frontières septentrionales de la Chine, et qui faisaient souvent irrup-
tion dans le Céleste Empire, s'appelaient Hun-io ;
plus tard Hien-jun et, depuis 207, Hiung-nu.

Se réunissant peu à peu, ils devinrent en 200
une puissance formidable. Après avoir subjugué
l'empire du Thibet, dont les habitants menaçaient
dans leur fuite l'empire byzantin, ils se scindent
en deux (46) ; une de ces parties se retire précipi-
tamment vers l'Irtiche et l'Oural, où ils impriment
un mouvement si puissant aux peuples de ces contrées, qu'un de ces peuples, les Huns, franchit le
Volga et entre en Europe. Mais les Hiung-nus mêmes
étaient des Turcs, et non pas des Huns.

L'opinion d'Amédée Thierry, que les Huns ont été longtemps sous le joug mongol, et que leurs mœurs se sont modelées sur celles de leurs maîtres, paraît parfaitement admissible. Nous irons plus loin, et nous dirons que leur sang a été fortement mélangé de sang mongol. Mais les Huns n'étaient pas non plus des Mongols, car ceux-ci habitaient encore à cette époque, bien loin à l'est l'Asie, attendant que leur tour d'émigrer fût venu.

Koskinen est de l'avis de Klaproth, qui donne aux Huns la même origine qu'aux Magyares, et les considère comme deux rameaux d'un seul et même peuple. Nous pensons que Koskinen accueille trop facilement l'opinion de Klaproth, opinion qui s'appuie sur des étymologies isolées et téméraires.

Les Bulgares et les Khazares, que nous trouvons plus tard habitées jadis par les Huns, étaient sans aucun doute de race finnoise, fortement mélangée de Huns.

La Pannonie fut successivement envahie par les Bulgares, les Avares et les Magyares. Les auteurs byzantins donnent à tous ces peuples le nom de Huns ; ils donnent ce même nom aux Turcs à l'est de la mer Caspienne. Plus tard les auteurs byzantins considèrent les Khazars et même les Magyares comme des Turcs, ce qui prouve combien la confusion des noms était grande à cette époque, et avec quelle précaution minutieuse il faut peser tous les arguments avant de porter un jugement définitif.

Il y a seulement un peuple sur l'origine duquel aucun doute n'est possible, c'est le peuple magyare. Si l'on ajoutait foi à ses traditions populaires, on l'assimilerait certainement aux Huns ; mais ces traditions datent-elles du temps où les Magyares étaient encore éloignés de leur séjour actuel, ou sont-elles nées des légendes que les Magyares ont dû trouver dans la Pannonie? La première hypothèse n'est pas inadmissible, mais il n'existe aucune preuve qui puisse la confirmer; la seconde au contraire est probable et plus naturelle.

Revenons à l'énumération de nos sources historiques.

Nous arrivons à la période la plus obscure de l'histoire de ces pays ; et le chant anglo-saxon (Scôpes Vidsidhs), dont nous avons parlé plus haut, nous donne les seuls détails intéressants que nous ayons sur cette époque.

Passons sur la fondation de l'empire russe, dont Kruse a fait le récit détaillé, mais qui ne se rattache pas étroitement à notre sujet.

Nestor raconte que déjà, en 859, Rurick avait rendu tributaires les Tchoudes (en Livonie), les

Slovènes (près de Novgorod), les Mêres (près du Volga supérieur), les Krivitches (près de Smolensk), les Wessès (près du Dniéper), tous peuples de race touranienne [1]. A cette époque de lutte acharnée, où l'empire russe s'agrandit au détriment de ses voisins, nous rencontrons peu de faits intéressants. Ce n'est que sous le règne de Vladimir, fils de Jaroslav (1042), que Nestor nous fait part d'une expédition de ce prince contre les Jemens, qu'il finit par soumettre. Où habitait ce peuple? C'est une question qui a divisé bien des savants. Müller et Schlözer les placent près de Jambourg, au nord du lac de Peïpus; Lehrberg croit les reconnaître dans la branche des Finnois, que les Suédois nomment Tavastar et qui s'appellent eux-mêmes Hœmeleiset; mais nous pensons que Sjögrén [2] a trouvé la vraie solution de la question en les plaçant au Nord, près de Dorpat, et en disant qu'ils s'étaient étendus peu à peu vers l'Est.

A cette époque, Nestor composa sa fameuse chronique qui répandit la première lumière sur ces contrées du Nord. Il nous fournit déjà une liste

1. Nestor, *Ad. ann.*
2. Ueber die älteren Wohnsitze, der Jemen v. A. J. Sjögrén. Mémoires de l'Académie impériale des sciences de Saint-Pétersbourg, VIe série.

presque complète des peuples touraniens qui s'étaient soumis aux Russes ou avaient été subjugués par eux, tels que les Tchoudes, les Mêres, les Maromes, les Wessès, Mordouans, les Jemens, les Ougriens, les Cures, les Livoniens.

Le successeur de Nestor, l'annaliste russe Sylvestre, nous dit qu'au XIIᵉ siècle, Wladislas Iᵉʳ avait été obligé d'envoyer ses fils avec une armée contre les Tchoudes, pour les soumettre et pour les rendre tributaires ; ce qui prouve jusqu'à l'évidence qu'ils se révoltèrent souvent contre le joug de leurs oppresseurs, avant de se confondre avec eux, comme le firent les Mordouans, par exemple.

Enfin Henri le Letton donne des détails curieux sur la conversion des Tchoudes du littoral de la mer Baltique, au XIIᵉ siècle. Mais cette conversion était difficile et ne s'opérait que fort lentement ; souvent ces peuples retournèrent au paganisme ; et encore aujourd'hui, dans la manière dont ils pratiquent le christianisme, on retrouve bien des cérémonies et des usages, derniers vestiges de la religion païenne.

Gravé chez Erhard

Dre

...IONIENS, LIVONIENS, ETC. (TOURANIENS)

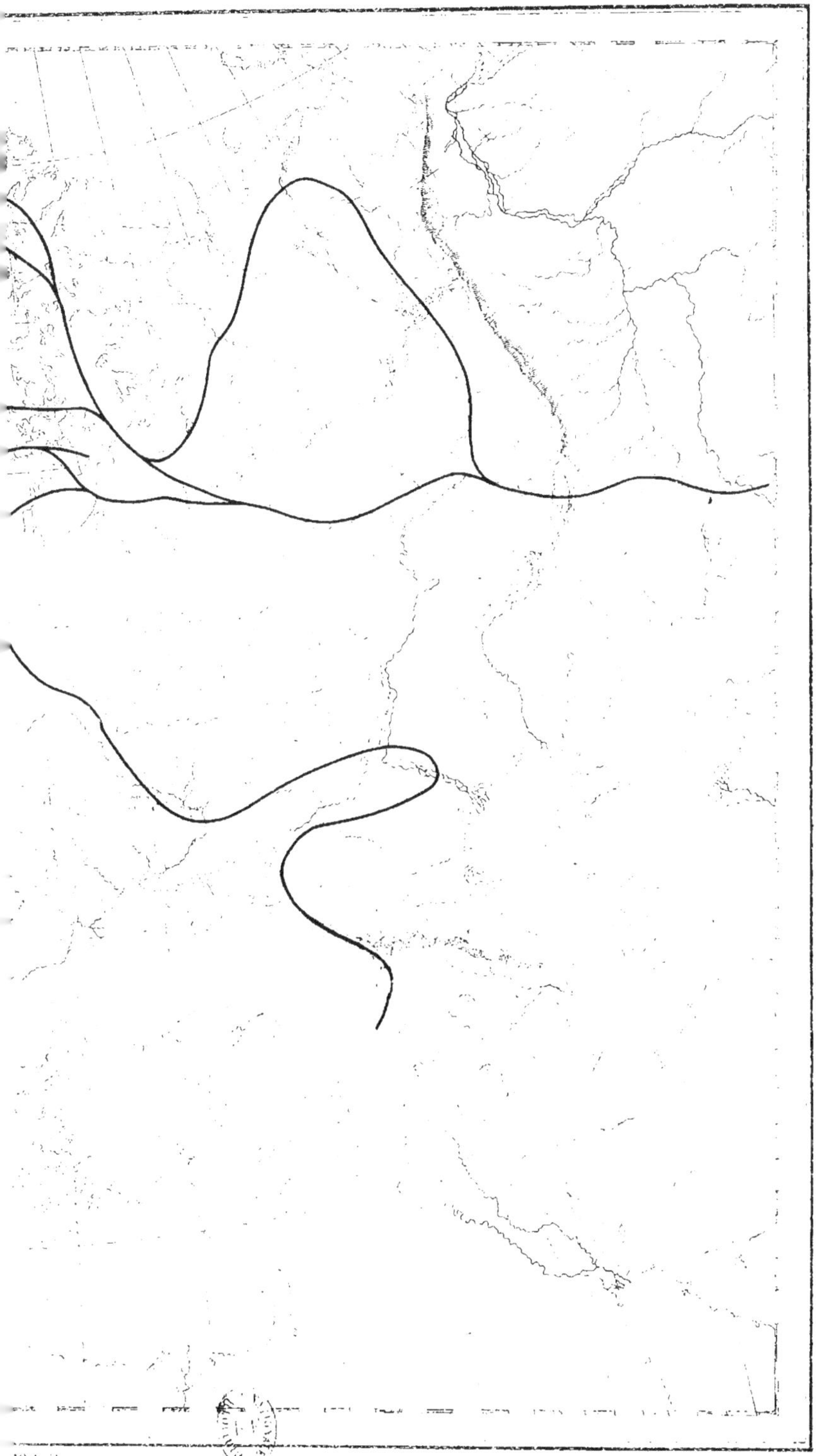

...jfalvy

Imp. Monrocq

I.

LES MIGRATIONS DES TOURANIENS.

Si l'on veut suivre les migrations des Touraniens, il faut d'abord connaître parfaitement la
région où s'élèvent les monts Ourals, et se rendre
bien compte de la configuration de ce terrain. C'est
là que presque tous les peuples de race touranienne-altaïque ont passé, c'est la grande communication naturelle qui rattache l'Europe à l'Asie.
Là, pendant des siècles, de puissants empires ont
épouvanté les Aryens de la vieille Europe, jusqu'au
moment où les Slaves, les derniers venus de la
race âryaque, ont à leur tour subjugué ces sauvages
peuples qui jusqu'alors paraissaient indomptables.

Les peuples de race finnoise, les Tchoudes, ont
occupé les premiers ces contrées, et, bien que les

plus anciennes sources historiques nous les montrent déjà refoulés vers le Nord et le Nord-Ouest, nous pouvons dire avec certitude que leurs ancêtres formaient un peuple puissant, qui occupait des territoires plus étendus. En effet, nous retrouvons les traces de ce peuple dans l'Asie centrale [1], sur les versants des monts Altaï, dans les vallées les plus élevées du Caucase, près de la mer Caspienne et même près de la mer Noire; nous les découvrons même, aujourd'hui, au cœur de l'Asie, en Médie et aux portes de Babylone.

Il est difficile, sinon impossible, d'indiquer d'une manière précise la population mère de toutes ces races.

Le finnois même nous semble un idiome déjà perfectionné; et la langue de Sumir ou d'Accade, dont nous devons l'ingénieuse découverte à la science d'Oppert et de Lenormand [2], n'est pas encore assez connu pour qu'on puisse l'ériger en langue

1. Les Tchoudes ont habité jadis les bords du lac de Baïcale comme peuple puissant et même civilisé, les traditions des habitants actuels de ces contrées en font foi. Voir à ce sujet Ethnologische Bilder v. Dr. Adolf Bastian. Jena, Hermann Costelnoble, 1873.

2. Lettres assyriologiques, seconde série. Études accadiennes, par François Lenormant. Paris, Maisonneuve et Cie, 1873.

mère; elle n'est peut-être que le sanscrit des langues altaïques.

Ces peuples ont certainement joué un rôle important dès leur première apparition en Europe; et malgré les assertions contraires du savant historien des pays du Nord, Schlözer, nous pensons que les ancêtres des Finnois, etc., formaient sur les versants boisés du mont Oural, « si riche en or », au bord du lac Aral et de la mer Caspienne, le long des fleuves Jaïk et Volga, tous deux si poissonneux, de puissants empires qui avaient atteint un certain degré de civilisation. Qu'on lise les chants mélodieux du Kalevala, et l'on s'imaginera ce que devaient être les Finnois et les Lapons d'autrefois[1].

Les limites de l'Europe et de l'Asie se trouvaient près des monts Ourals, au nord du Caucase; c'est là que le courant des peuples en migration s'est le plus souvent croisé, c'est là que les différentes races se sont entre-choquées avec le plus de violence. D'ailleurs, mille ans après Jésus-Christ, l'Europe n'avait pas encore de frontière bien définie. Dans ces plaines, les peuples finnois vivaient en mauvaise intelligence avec les peuples slaves, et déjà les premiers avant-coureurs des races turques et tur-

---

1. Le Kalevala, traduction par Léouzon Le Duc. Paris, 1868.

comanes se montraient près des embouchures du Volga. On peut dire, en se fondant sur les données fournies par Hérodote, Strabon, Pline, Ptolémée et Ammien Marcellin, que, jusqu'à la formation des duchés russes, il y eut là des peuples innombrables allant et venant dans la confusion la plus complète[1].

C'est seulement vers le IXe et le Xe siècle que les duchés russes commencent à se former. On les voit apparaître dans les bassins supérieurs du Dniéper, du Volga et de la Vistule. Les villes de Novgorod au bord du lac d'Ilmen, Wladimir sur le Bug, Kiew sur le Dniéper, Tchernigow et Smolensk sont les principaux établissements de la puissance russe naissante. Nous voyons qu'à cette époque les Russes étaient encore fort éloignés de l'Oural et du Caucase.

Jusqu'au XIIIe siècle, les empires russes ne se hasardèrent pas vers l'Est, et c'est dans ces contrées qu'il faut chercher la limite de l'Asie et de l'Europe. Au commencement de ce siècle, on y découvrit la ligne de défense, dite de Simbirsk, construite probablement par le czar Alexandre

1. Der ugrische Volksstamm von F. Heinrich Müller. Berlin, 1873.

Michailowitch, de la maison de Romanow, pour se protéger contre les invasions des Barbares, comme les Romains l'avaient fait en Dacie ; et encore aujourd'hui il est facile de suivre les traces de ces fortifications depuis Woronesch jusqu'à Simbirsk.

C'est alors que parurent les Mongols et les Turco-Tartares. Ils envahirent l'est de l'Europe, et par ce fait même reculèrent les frontières de l'Asie jusqu'aux Carpathes. Le jeune empire russe ne dut sa conservation, alors comme bien des siècles plus tard, qu'à la rigueur de son climat[1].

Ces peuples barbares se maintinrent depuis le XIIIe et le XIVe siècle dans leurs positions nouvellement acquises, et les Russes ne purent les chasser entièrement que vers la fin du XVIIIe siècle. Pendant plusieurs centaines d'années les Mongols régnèrent depuis l'Altaï jusqu'au Dniéper ; la langue, les mœurs, la religion de ces Asiatiques, devinrent dominantes dans ces contrées de la vieille Europe, et effacèrent pendant longtemps toute trace de démarcation entre les deux continents.

Ce fut seulement vers la fin du XVe siècle que le prince de Moscou, Ivan Wassiljewitsch, refusa

---

1. Les rigueurs d'un hiver exceptionnellement froid et un verglas qui a duré très-longtemps empêchèrent les opérations de l'armée mongole. Voir F.-H. Müller.

l'obéissance aux Mongols, et son petit-fils Ivan II soumit l'empire de Kasan à son sceptre (1552). Vers cette époque, la vie politique des peuples européens, toujours supérieure à celle des Asiatiques, s'étend de nouveau vers l'Est, et le christianisme pénètre pour la première fois dans les vallées de l'Oural jusqu'alors inaccessibles.

La politique et les armées des Russes eurent vite raison des autres peuples limitrophes : au sud-est, l'empire d'Astrakhan suit de près l'empire de Kasan dans sa chute, et avec lui tombent les derniers débris de l'empire de Kaptchak, jadis si terrible à l'Europe; et le Volga devient de nouveau fleuve européen, depuis ses sources jusqu'à son embouchure.

Mais la ligne de l'Oural ne suffisait pas à garantir l'Europe contre les envahissements des hordes barbares qui continuaient à se pousser dans leurs vastes steppes; il fallait à la sécurité de l'empire russe; la possession du Caucase, cette immense chaîne de montagnes qu'un enfant de la steppe peut voir à l'œil nu de l'embouchure du Volga.

En 1722, le Volga devint un fleuve important, quand Pierre le Grand y fit construire une flotte de guerre. Sous Catherine II, les Russes, après avoir passé l'Oural, franchirent le Caucase par les défilés de Derbend, mais cette conquête ne fut définitive que de nos jours.

Depuis, les rôles ont changé.

L'empire russe a refoulé les Chinois au delà de l'Amour; et l'armée russe, qui se trouve en ce moment sur la route de Chiwa, fait trembler la vieille Angleterre pour son empire des Indes.

Nous espérons beaucoup de la conquête de tous ces pays, car, avant peu, il sera peut-être possible d'étudier en toute sécurité les contrées, presque inconnues, qui environnent le berceau de la race touranienne-altaïque.

Il est certes difficile de préciser d'une manière exacte l'endroit d'où cette nombreuse race est partie.

Nous pensons cependant qu'elle a dû habiter d'abord les monts Sayans et la chaîne de l'Altaï, dont le grand Altaï forme le vrai noyau. Ce plateau élevé, qui s'étend entre les sources de l'Obi et celles de l'Irtiche, fut donc le berceau de notre peuple.

Sous ce rapport, nous partageons entièrement la manière de voir du plus célèbre philologue des langues touraniennes, Castrén. Il prouve que les Samoïèdes ont dû pendant le déluge (dont la tradition existe aussi chez eux) se réfugier sur les immenses hauteurs des monts Sayans, ainsi que les races turques, qui, d'après les sources chinoises, habitaient à la même époque le Tagnu-ola et le grand Altaï. Klaproth et Ritter disent, également que les Turcs ont dû s'y réfugier pendant le déluge. Un historien turc, Abulghasi-Bahadur-Chan, nous raconte que le père du peuple turc s'était établi dans les environs de l'Altaï, près du lac d'Issicol. Dans Abulghasi, le nom de ce père est turc, et cet historien en fait un fils de Japhet. En principe, cet historien est d'accord avec nous; seulement, en sa qualité de croyant orthodoxe, il lui était impossible d'admettre que l'Altaï fût la première patrie de son peuple : il se fût mis en contradiction flagrante avec la tradition de Moïse, que les Turcs reconnaissent comme seule vraie, et qui fait venir leurs ancêtres du paradis et de la terre promise.

D'autres historiens donnent une seule et même patrie aux Samoïèdes et aux Turcs : d'après eux cette patrie se trouve sur la partie occidentale du plateau central de l'Asie, près des monts Sayans, chaîne occidentale de l'Altaï, entre les sources de l'Obi, de l'Irtiche et du Jenissei.

C'est dans ce même endroit que l'on doit trouver aussi le berceau des peuples finnois. Un savant hongrois, Csoma de Körös, l'avait cherché plus au sud, dans le Thibet, mais il avait fait fausse route;

son séjour de onze ans dans un couvent de ce pays,
à Zimskar, tient du prodige, mais n'amena rien de
ce qui aurait pu l'éclairer sur le premier séjour des
Finnois. Il rapporta seulement une connaissance
approfondie de l'étrange littérature des peuples
thibétains.

Castrén, dont nous suivons en ce moment presque textuellement les raisonnements, Castrén a
poursuivi avec une consciencieuse activité les traces
de son peuple ; il est arrivé à la conviction que les
ancêtres du peuple finnois avaient également habité
ces chaînes de montagnes[1].

Les Tartares, encore aujourd'hui, parlent d'un
peuple aux yeux clairs qu'ils appellent Akkarak et
qui aurait d'abord habité ce pays ; il serait l'auteur
des anciens « tumulus » qu'on rencontre partout
dans la steppe.

La chronique chinoise, s'accordant avec ces traditions tartares, parle aussi d'une race blonde qui
aurait habité les monts de Tagnu-ola, sur les versants septentrionaux, en même temps que les Turcs
auraient occupé les versants opposés. Cette race
blonde, dit Castrén, était sans doute la race finnoise.

1. M. *Alexander Castrén's Kleinere Schriften, herausgegeben von Anton Schiefner. St-Petersburg*, 1862.

On rencontre, en outre, près des sources de l'Irtiche, un endroit nommé *Sumi ;* cette dénomination
s'accorde avec le nom des Finnois, qui s'appellent
eux-mêmes *Suomi*. De même, on trouve dans ces
pays un certain nombre de noms qui s'expliquent
facilement dans la langue finnoise. Castrén en cite
quelques-uns et nous ferons comme lui, car cette
dernière preuve nous paraît la plus évidente.

Les Tartares appellent le fleuve Jenissei *Kem,*
et ce même mot sert de nom de fleuve chez les Finnois et les Karèles russes. Le mot varie dans les
différents dialectes finnois où *kem, kemi, kymi*
signifie grand fleuve, fleuve père. Le Jenissei a des
confluents du nom de *Sym, Ija* et *Ijus ;* comparons
à ces noms ceux des rivières finnoises *Simo* et *Ijoki,*
et nous trouvons une ressemblance assez frappante.
Un autre confluent du Jenissei porte le nom de *Oja,*
qui signifie ruisseau en finnois ; un autre s'appelle
Jaga, nom qui semble proche parent du finnois
joki, et du lapon *joga ;* un dernier confluent enfin
s'appelle *Kolva,* nom que nous rencontrons en
Finlande, près de Perm et près d'Arkhangel, et
qui signifie eau riche en poissons.

Tout près des sources du Jenissei on aperçoit
deux sommets de montagnes dont l'un est bien plus
élevé que l'autre. Le plus haut de ces sommets est

appelé par les Tartares *Kyrky-taskyl* et le plus bas
Ala-taskyl. Ces deux dénominations nous rappellent
les mots finnois *korkia*, haut, et *ala* (magyare *ala-
csony*), bas.

Lors même qu'on trouverait l'étymologie de
quelques-uns de ces mots dans les langues tartares,
cela ne prouverait absolument rien contre ce que
nous venons d'avancer, mais seulement la parenté
qui existe entre les langues finnoises et tartares ; de
plus on conclurait que les Finnois ont dû nécessairement passer par les monts Altaï pour arriver à
leur séjour actuel. Rappelons d'ailleurs que ces contrées sont habitées aujourd'hui par une population proche parente de la nation finnoise, par les
Ostiaks et les Vogoules, qu'on désigne plus souvent
et sous le nom d'Ougriens ou de Yougriens. A l'heure
présente, ce peuple habite sur les bords de l'Irtiche
de l'Obi ; mais on retrouve ses traces manifestes
dans les monts Sayans mêmes. Cette contrée fut
habitée jadis par une race turque, les Ogoures
ou Yogoures, qui, à cause de la proximité des
Ouigoures ou Youigoures finnois, fut souvent confondue avec eux, d'où le nom d'Ougoures ou You-
goures [1].

[1]. Voir la *langue magyare, son origine, etc.,* par le même
auteur. Versailles, 1871, chez Maisonneuve.

Le nom de Magyar est de la même origine; aussi le peuple hongrois compte-t-il les Vogoules et les Ostiaks parmi ses parents. Hunfalvi est de cet avis; il prouve, à l'aide des langues congénères, l'identité des racines uj, jog, mog, mag, et constate que le mot Ougoure (Ouigoure : moger [1]) signifie l'allié.

Dans cette question de nom, nous partageons entièrement la manière de voir de Castrén et celle de Hunfalvi. Les Hongrois ont longtemps combattu l'exactitude de ces faits; leur fierté nationale s'y opposait. C'est pour cela que Csoma de Körös a cherché leur origine dans le Thibet, où d'après les annales chinoises une branche de la race indépendante des Ogoures turcs aurait séjourné. Ce n'est point avec des susceptibilités nationales qu'on fait de bonne philologie, de bonne ethnographie; on travaille alors avec partialité, on ne voit que le but, et rien ne coûte pour y arriver. Comme les Hongrois, les Finnois se sont révoltés à l'idée d'une parenté avec les Lapons; et leurs écrivains, souvent les plus éminents, ont cherché l'origine de leur peuple en Grèce et même jusque dans la Terre promise.

Castrén a bien raison quand il dit que chacun est fils de ses œuvres, et que les aïeux sont souvent

1. En turc, lier, attacher ensemble.

une chose bien gênante pour un peuple réduit et opprimé. Soyons donc nos propres aïeux, ajoute-t-il, car la postérité nous jugera d'après nos propres actions et non d'après celles de nos pères.

Quatre peuples touraniens habitaient donc en même temps les versants de l'Altaï, entre les sources de l'Obi, de l'Irtiche et du Jenissei : les Finnois, les Ougoures, les Turcs et les Samoïèdes. Nous ne parlerons pas du tout des Mandchous, des Mongols et des Dravédas, que des savants modernes veulent assimiler aux races touraniennes. Nous sommes de l'avis de M. de Hauslab, qui dit que les Touraniens étaient des Adamites, et que des raisons physiologiques et anthropologiques de la plus haute gravité s'opposent à ce qu'on puisse considérer les Mongols et les Mandchous comme appartenant à leur race. Les analogies qui se trouvent dans ces langues peuvent être attribuées à la longueur du séjour que certaines peuplades touraniennes ont fait au milieu des Mongols et des Mandchous; et rien n'autorise à admettre une parenté qui se fonde sur certaines analogies de mots et de sons, mais qui est formellement démentie par la grammaire, la physiologie et l'anthropologie.

Les quatre peuples indiqués plus haut n'en formaient donc qu'un seul à une époque qu'on pourrait placer avant le déluge; et les Touraniens ont eu comme les Aryens leur langue primitive, leur langue mère, qui sans aucun doute était une langue monosyllabique. Il est plus que probable que la langue de Sumir ou d'Akkad, qu'Oppert et Lenormant ont fait connaître par leurs magnifiques travaux, se rapproche le plus de la langue mère, mais nous sommes portés à croire qu'elle n'était que la sœur aînée des langues touraniennes et qu'elle occupait la place que le sanscrit occupe dans les langues d'origine âryaque. Quand un homme viendra connaissant également bien les langues touraniennes et la langue de Sumir ou d'Akkad, que cet homme aura, en parfaite connaissance de cause, comparé ces langues entre elles et aura ébauché une grammaire comparée des langues touraniennes en prenant le sumirien ou l'akkadien pour base, on pourra marcher avec succès dans la voie de la découverte, et cet homme aura bien mérité des savants qui s'occupent de cette question [1]. Nous pensons que M. Lenormant est engagé sur cette route, du moins son prodigieux travail sur la langue d'Akkad le fait prévoir [2].

1. Voir aussi *Untersuchungen zur veigleichenden Grammatik des finnischen Sprachstammes von Weske.* Leipzig, 1873.

2. *Études accadiennes,* par F. Lenormant. Paris, Maisonneuve, 1873.

En attendant que cette question soit résolue, il faut s'arrêter aux précieuses indications données par les maîtres de cette jeune science, Castrén, Kruse, Müller, Sjögrén, Koskinen et Hunfalvi ; et, guidé par leurs lumières, chercher la solution de ce difficile problème.

Suivons d'abord, dans un ordre autant que possible chronologique, les peuples principaux qui quittent l'Altaï. Nous trouvons les Samoïèdes : ce peuple, qui habite maintenant les bords de la mer Glaciale, se rencontre encore en petites fractions, — Castrén les a vus de ses yeux, — le long du courant supérieur du Jenissei ; là, ils sont englobés dans des peuplades turques. Une seule tribu, nommée Uluss, a conservé intégralement jusqu'à ce jour sa langue et sa nationalité. Castrén, après avoir victorieusement réfuté les opinions erronées du voyageur Schrenk, nous rapporte que les Samoïèdes se disent eux-mêmes originaires de l'Altaï. Il y a même dans la peuplade des Sajotes, qui se trouve déjà en Chine, des noms de famille d'origine samoïède. Sur la communauté d'origine de ces différentes tribus samoïèdes, il n'y a pas de doute. Quant à l'objection que les Samoïèdes de la mer Glaciale ont pu aussi bien émigrer vers les monts de Sayans, nous répondrons avec Castrén que nous ne croyons pas à l'existence d'une race polaire, mais que, de plus, la parenté indiscutable des Samoïèdes et des Turcs, et la circonstance que leur séjour actuel a été occupée par les Lapons, circonstance parfaitement prouvée, nous démontrent d'une manière péremptoire que les Samoïèdes ont dû habiter autrefois des contrées beaucoup plus méridionales[1].

Ce peuple a été de tout temps peu nombreux; il a dû conserver à peu près le même état de développement physique et intellectuel, et sa petite migration a exercé fort peu d'influence sur les peuples avoisinants.

Quant aux Finnois, Ougoures et Turcs, il est bien difficile de préciser d'une manière exacte le moment de leur séparation. Hunfalvi a trouvé un moyen ingénieux pour expliquer non-seulement la parenté plus ou moins grande de ces trois races, mais aussi la durée approximative du temps qu'elles ont dû passer ensemble. Nous essaierons d'expliquer la manière de voir l'opinion du célèbre philologue magyare. Il prend les noms de nombre pour base de comparaison, pour point de départ, et prouve philologiquement que les nombres de 1 à 7 sont les

____

1. *Castrén's Kleinere Schriften, herausgegeben von Schief-ner.* St-Petersburg, 1862.

mêmes pour ces trois branches touraniennes ; le 8 et le 9 ne s'accordent plus que dans les langues finnoises et ougoures ; puis la divergence devient générale. Pour appuyer cette démonstration qui nous paraît, sans contredit, fort bien trouvée, il en ajoute une seconde, plus concluante que la première.

Les suffixes, à l'aide desquels on forme les différents modes et temps des verbes, s'accordent en principe dans toutes ces langues ; seulement le finnois et les langues ougoures ont deux formes verbales, dont une manque au turc, et les langues ougoures en possèdent même une troisième, qui, à son tour, fait défaut au finnois. Il en résulte que les Finnois et les Ougoures ont quitté le plateau de l'Altaï ensemble avant les peuples turcs, qui y sont restés encore quelque temps.

Nous n'admettons pas entièrement cette dernière conclusion ; car, comment expliquer l'affinité des langues vogoules et ostiakes avec les autres langues ougoures, les peuples qui les parlent étant séparés depuis des siècles par des races turco-tartares ?

Nous pensons que, d'après cette théorie des noms de nombre, les Touraniens de la Médie ont dû, les premiers, quitter les monts Sayans ; car ce ne sont que les nombres 1 et 2 qui s'accordent avec les autres langues touraniennes [1]. De plus, la langue d'Akkad, dans ses racines et dans ses éléments grammaticaux, a plus de rapport avec les langues finnoises et ougoures qu'avec les idiomes turcs, et, sans vouloir prétendre que les mages chaldéens ont parlé le suomi ou le magyare, sans vouloir prétendre que les aïeux de nos peuples ont fondé l'immense cité de Babylone avant que les Aryens ne soient descendus du plateau central de l'Asie, nous soutenons, d'après les données des deux savants français, que les premiers habitants de la Médie parlaient une langue touranienne; nous pensons encore qu'ils sont les inventeurs non-seulement de l'écriture cunéiforme simple, mais aussi de l'écriture cunéiforme idéographique, n'en déplaise aux savants d'une vieille école, qui ne veulent pas admettre qu'on puisse attribuer cette invention aux Touraniens. Ces savants osent même attribuer l'honneur de la découverte à un peuple de race chamitique, concluant de l'adresse prodigieuse des Chamites du bord du Nil au génie de leurs frères du bord du Tigre, peuple limitrophe des anciens Touraniens. Là, en Médie, dans cette plaine fertile, les Touraniens se sont rencontrés avec les Chal-

---

[1]. Voir *Études accadiennes* de F. Lenormant, II.

déens, les Assyriens de race sémitique, avec les Chamites, sous les ordres de Nemrod, et avec les Mèdes et les Perses de race âryenne[1].

A ce propos, un savant éminent explique d'une façon remarquable la confusion de la tour de Babel[2]. « Là, dit-il, se sont rencontrés pour la première fois des peuples parlant différentes langues, ce qui a causé une confusion générale et ce qui explique la légende attribuée à la construction de la tour de Babel. » C'est à l'occasion de cette rencontre que, pour la première fois, l'homme a eu conscience qu'il y avait plusieurs langues. Ce n'est pas la séparation des races, mais au contraire leur rencontre, qui a fait naître ce sentiment ; de cette expérience est venue l'histoire, puis la légende, que l'humanité se serait divisée à cet endroit, pour la première fois, en peuples différents parlant des langues différentes.

La branche des Touraniens, dont nous parlons, a occupé la Médie pendant neuf cent quatre-vingt-dix ans sous trois dominations différentes.

1. On vient de découvrir un fait extrêmement curieux. M. Chabas établit, dans son travail présenté par M. Lenormant à l'Académie des inscriptions et des belles-lettres, qu'au temps de Thouthmès III, douze cents ans avant l'ère chrétienne, on chassait l'éléphant dans les environs de Ninive.

2. Bor-Sippa. *Tour des langues* (Oppert).

Koskinen prétend que les Assyriens ont dû à ces Touraniens non-seulement l'écriture cunéiforme, mais aussi la base de leur civilisation et de leur instruction; il va encore plus loin, il explique le titre que portaient les rois assyriens « Sar Sumiri au Akkadi », c'est-à-dire roi de Sumir et d'Akkad de la manière suivante : Accade est connue comme une des quatre villes occupées dans le pays de Sinéar par Nemrod, tandis que le nom Sumir est complétement inconnu. Oppert l'explique comme il suit : *r* est un suffixe et *i* le signe du pluriel, donc la racine du mot est *sum*. « Ici, s'écrie Koskinen, nous retrouvons enfin l'origine du nom. *Suomi;* le peuple de ce nom était-il à cette époque, sur les bords de l'Euphrate et du Tigre, soumis aux Sémites? La chose nous paraît à nous-même si étonnante qu'un critique judicieux ne la trouvera même pas vraisemblable! Mais n'oublions pas que la dénomination Suomi, Same, nom que les Finnois se donnent aujourd'hui, pouvait être autrefois la désignation de toute la race! » Eh bien, nous pensons que Koskinen a prononcé non sans raison le mot d'Archimède et que les Sumi de l'Altaï de Castrén, les Sumir d'Oppert et les Suomi de la Finlande pourraient bien être une seule et même race, absolument comme le peuple blond à yeux clairs que les Tar-

tares des sources de l'Obi et de l'Irtiche appellent
Akkerak pourrait bien être de la même souche
que le peuple d'Akkad. La ressemblance de toutes
ces racines est trop frappante pour être fortuite, et
nous pensons donc que Koskinen a parfaitement
raison de se réjouir de sa découverte.

Seulement quand lui et Hunfalvi parlent de la
grande civilisation de ces Touraniens, et s'appuient
sur Hérodote, nous pensons qu'ils ont tort et nous
allons essayer de prouver pourquoi.

D'abord Koskinen, qui, dans la première partie
de son remarquable travail, a prouvé avec tant
d'évidence que les Scythes d'Hérodote n'étaient
pas des Touraniens, mais un seul et même peuple que les Sauromates, c'est-à-dire des Slaves,
revient sur ses paroles ; pourquoi des Touraniens
veut-il faire tout d'un coup des Scythes ? Nous ne
reprendrons pas les preuves citées dans la première
partie de notre travail ; nous ajoutons seulement que
la circonstance dont parle Hérodote, la domination
de la Médie par les Scythes qui n'a duré que vingt-
six ans et le retour d'une partie de ces Scythes sous
le règne de Cyaxare, prouve jusqu'à l'évidence
que ces Scythes d'Hérodote n'étaient pas les anciens
Touraniens, inventeurs de l'écriture cunéiforme, que
les Sémites ont dû trouver dans le pays. A ceux

qui nous objecteront que ces Touraniens n'ont régné
effectivement que vingt-six ans sur les autres
peuples, mais qu'ils ont pu rester dans le pays
sous la domination des Chaldéens, Assyriens, etc.,
nous répondrons qu'Hérodote précise l'époque où
ces Scythes ont envahi l'Asie chassant devant eux
les Cimmériens et celle où ils sont venus en Médie
trouvant là les Assyriens qu'ils ont subjugués;
ensuite Hérodote parle du départ de ces Touraniens avec tant de détails qu'il est impossible de
supposer qu'une grande fraction de ce peuple y
soit restée.

Nous ne partageons pas la manière de voir de
Hunfalvi sur la grande civilisation de ces Scythes
qu'il croit reconnaître dans le passage d'Hérodote
sur les Scythes réfugiés auprès de Cyaxare... « Mais
ensuite, les ayant pris en affection, il finit par leur
confier divers enfants, à qui ils devaient enseigner
leur langue et l'art de manier l'arc. » Pour bien
comprendre la pensée d'Hérodote, nous rétablirons
ici le passage dans son intégrité. « Une troupe de
Scythes nomades, chassée de son pays à la suite de
quelque tumulte, s'était réfugiée dans la Médie, où
régnait alors Cyaxare, fils de Phraorte et petit-fils
de Dejocès, Cyaxare se borna d'abord à accueillir
ces réfugiés comme de simples suppliants; mais

ensuite, les ayant pris en affection, il finit par leur confier divers enfants, à qui ils devaient enseigner leur langue et l'art de manier l'arc. Après un certain temps, il arriva que ces Scythes, qui allaient fréquemment à la chasse, rentrèrent un soir sans avoir rien tué, et que Cyaxare, d'un naturel emporté, les voyant revenir les mains vides, les maltraita rudement. Indignés d'une injure que leur orgueil ne put tolérer, les Scythes, après s'être concertés, s'en vengèrent d'une manière barbare. Ils coupèrent en morceaux un des enfants qu'ils étaient chargés d'élever, et, le préparant ensuite, ainsi qu'ils avaient coutume de faire pour le gibier qu'ils rapportaient, le présentèrent à Cyaxare comme leur chasse. Dès qu'ils eurent servi cet affreux repas, ils s'enfuirent et se réfugièrent à Sardes, près Alyatte, fils de Sadyatte. Du reste, leur vengeance s'accomplit : Cyaxare et ses convives se nourrirent de l'horrible mets qui leur avait été offert. Cependant les auteurs du crime étaient près d'Alyatte, dont ils s'étaient rendus les suppliants[1] ».

Ce passage d'Hérodote prouve d'abord que les Scythes étaient peu nombreux, ensuite que leur civilisation n'était pas grande ; un roi capricieux

----

1. Hérodote, L. I, ch. LXXI.

comme le paraît être Alyatte, d'après le récit qu'Hérodote nous en fait, pouvait bien leur confier des enfants Mèdes pour leur enseigner leur langue et l'art de tirer de l'arc, art dans lequel ils ont pu passer maîtres; mais leur degré de civilisation se révèle dans la manière qu'ils emploient pour se venger des insultes du roi. Non, ces Scythes n'ont rien de commun avec les Touraniens de Sumir; ce sont les vrais Scythes d'Hérodote.

Si ces preuves ne suffisent pas on n'aura qu'à lire attentivement les chapitres CIII, CIV, CV et CVI du livre I, pour se convaincre que les Scythes, qui ont envahi la Médie sous le règne de Cyaxare pendant que ce roi était en train de faire le siége de Ninive, ne pouvaient pas être les Touraniens inventeurs de l'écriture cunéiforme qui ont précédé les Chaldéens dans ces pays. Nous pensons aussi, d'accord avec M. de Volney, que les Scythes chasseurs qui sont venus implorer l'hospitalité de Cyaxare étaient venus avant la grande invasion scythique, en renvoyant nos contradicteurs aux arguments présentés par Volney; nous ajouterons seulement que cette version paraît aussi bien plus naturelle. Les chasseurs scythes rentrés chez eux ont probablement raconté à leurs compatriotes les merveilleuses richesses que contenait la Médie et ont facilement excité leur convoitise; tandis que d'un autre côté il est peu probable que le même Cyaxare, qui a failli perdre son empire par suite de l'invasion des Scythes, aurait recueilli favorablement des fuyards appartenant à ce peuple barbare.

Dans son histoire, Hérodote ne parle nulle part des Touraniens, ce qui prouve qu'il ne les connaissait pas; la chose s'explique quand on pense que les Touraniens ont dû occuper la Médie à une époque très-reculée. Il est certain que si nous possédions l'histoire des Assyriens par ce même écrivain, bien des doutes seraient dissipés et bien des questions délicates éclaircies.

Nous pensons qu'une partie de ces Touraniens de la Médie, après avoir quitté leur seconde patrie, sont venus en Europe en franchissant le Caucase. Nul doute qu'il y ait des traces de peuples finnois dans ces montagnes; Thumann, Arndt, Klapproth et Rask en ont trouvé.

Comme nous le faisions remarquer dans la partie précédente de ce travail, les Mélanchlænes d'Hérodote se trouvent échelonnés depuis le Caucase jusqu'au golfe de Finlande. Pline en parle près de Dioscurius, au bord du Pont-Euxin; Pomponius Méla les place tout près de la Colchide ainsi que l'Anonyme de Ravenne; dans le Périple de Scylax, nous les trouvons au nord de la Colchide séparés de leur ancienne demeure par les Gélons; Ptolémée les place au sud-ouest de l'embouchure du Volga, près des montagnes Hippiques; Hécatée, dans ses *fragments*, au nord de la Tauride, Denys Périégète près des Alains, au-dessus des Hippemolges et Strabon encore plus au nord, plus près de la mer Baltique. Il n'y a aucun doute que tous ces points reliés par une ligne représentent parfaitement un courant de migration depuis le Caucase jusqu'au golfe de Finlande. Seulement il est difficile de dire si ce courant est venu du Caucase par l'Asie en Europe ou s'il y est allé en partant du séjour des Mélanchlænes d'Hérodote, c'est-à-dire des rives de la mer Baltique. Nous inclinons vers la première manière de voir et nous pensons que ces Mélanchlænes, débris des Touraniens de la Médie, ont suivi la direction nord-ouest et ont passé par tous ces endroits avant d'arriver au bord de la mer Baltique. Ils ont laissé partout des traces de leur passage, et leur costume particulier, qui d'ailleurs leur a valu leur nom, a attiré l'attention des historiens sur eux; ce qui fait que Pline, Méla, Scylax, Ptolémée, etc., en parlent. Si l'on juge d'après la direction générale des migrations, il est probable que les Mélanchlænes ont été refoulés du Caucase vers le golfe de Finlande et non du golfe de Finlande vers le Caucase.

Et les Syginnes d'Hérodote?

Hérodote dit dans le ixe chapitre de son livre V :
« Personne ne connaît positivement quels sont les peuples qui habitent les pays situés au nord de la Thrace, et il paraît qu'on n'y trouve, après avoir passé l'Ister, qu'une contrée déserte, dont les limites sont inconnues. J'ai pu seulement apprendre qu'il existait par delà le fleuve un peuple qui porte le nom de Syginnes, et s'habillent à la manière des Mèdes. . . . .
Ce peuple confine aux Vénètes, qui habitent les bords de l'Adriatique. Il se dit une colonie mède; mais j'avoue que j'ai peine à comprendre comment cela peut être : *Cependant il ne faut pas se hâter de prononcer, le temps peut amener bien des choses...*»
Pourquoi ces Syginnes, qui se disaient eux-mêmes originaires de Médie, ne seraient-ils pas les frères des Mélanchlænes?

Les aïeux des Magyares ont-ils fait partie de ces Touraniens, comme Kruse le suppose? Personne ne saurait l'affirmer; nous pensons que les Magyares sont venus en Asie entre l'Oural et la mer Caspienne et non par le Caucase.

C'est donc la première grande migration des Touraniens finnois-ougoures dont on puisse suivre les traces depuis l'Altaï jusqu'au golfe de la Finlande, en passant par la Médie.

Les Finnois ont envahi l'Europe par la grande porte de l'Oural au nord du lac d'Aral et de la mer Caspienne.

Tous ces pays, depuis les frontières occidentales de la Chine jusqu'au delà du Volga sont couverts de collines funèbres (tumulus) qui datent du temps de la domination des Finnois ou Tchoudes. On y trouve aussi des fortifications et même des ruines d'édifices. Ces contrées ne sont malheureusement pas encore assez explorées. Néanmoins on a pu diviser ces monuments en deux catégories : les uns, dit Müller, appartiennent aux temps des Tartares et datent du moyen âge; les autres, certainement de provenance finnoise ou tchoude, datent de la plus haute antiquité. L'Asie Mineure en est également remplie [1], ce qui viendrait à l'appui de ce que nous avons dit plus haut sur les Mélanchlænes.

Ainsi on trouve près d'Ufa, la vieille capitale des khans de Nogaï, maintenant chef-lieu du pays

---

1. Voir Hartley, *Researches in Greece and the Levant,* London, 1831.

des Bachkirs, plusieurs de ces tertres où les ossements sont renfermés dans une espèce de crypte en brique; les flèches et autres armes et ustensiles qu'on a pu retirer de ces fouilles sont en cuivre, ce qui prouve que ce sont des monuments tchoudes ou finnois, car ce peuple, qui a habité en premier lieu les monts Oural, avait atteint un degré de civilisation assez prononcé. Des voyageurs prétendent même qu'on a trouvé des bijoux en or dans ces monuments antiques. Ces mêmes contrées sont riches en blocs de pierre qui ont tantôt la forme d'une tête, tantôt celle d'un corps humain; les Slaves appellent ces blocs *balvani;* le célèbre voyageur russe Pallas attribue la confection de ces monuments aux khans de Nogaï et aux Kirghises. Nous pensons, quoique Müller ne soit pas de notre avis, que ce sont les mêmes blocs de pierre qui se trouvent en Esthonie et que Kruse a décrits longuement. Les Kirghises d'ailleurs n'ont jamais dû être à même de construire de pareils monuments, si grossiers qu'ils puissent être.

Quant aux fortifications, qui sont sans contredit d'une origine bien plus récente, elles ont été construites probablement par les ordres des khans de Nogaï pour protéger leur empire contre les invasions des hordes barbares.

On trouve aussi dans les bassins du Volga et de la Kama des mines construites par les Finnois ou Tchoudes, ce qui prouve que déjà dans les temps antiques ce peuple explorait les mines de l'Oural, riches en métaux précieux.

Ce sont les Finnois qui, les premiers des Touraniens, ont envahi l'Europe.

Les Lapons de race finnoise ont précédé leurs frères; ils se sont établis d'abord sur les bords de la mer Glaciale, en face de la Nouvelle-Zemble, dans le pays où se rencontrent aujourd'hui les Samoïèdes. Sous ce rapport, aucun doute n'est possible, car beaucoup de noms de rivière et même de ville, dans ces contrées, sont d'origine laponne. Les Finnois sont restés pendant ce temps sur les versants occidentaux du mont Oural, où les Slaves ont rencontré bien plus tard leurs débris, les Tchoudes.

Mais bientôt les Lapons, chassés par les Samoïèdes, ont dû quitter leurs habitations et prendre une direction sud-ouest; là, de nouveau chassés par les Biarmiens [1] ils se sont retirés dans la Finlande d'aujourd'hui, et leurs avant-coureurs ont occupé peu à peu la Suède, la Norvége, même le Danemark. Le peuple avec lequel Pythéas s'était

____

1. Une branche des Tchoudes qui s'était établie près de l'embouchure de la Dwina.

entretenu dans le royaume de Thulé, ce peuple gouverné par des amazones, c'étaient des Lapons; ce peuple que Tacite appelle Sitones, qui obéit à une femme, « tant ils sont tombés au-dessous, je ne dirai pas de la liberté, mais de la servitude elle-même[1] », c'étaient encore des Lapons; ainsi que les Fennes, de la pauvreté desquels Tacite nous trace un tableau si émouvant[2].

Sur la présence des Lapons en Finlande, bien avant les Finnois, il n'y a pas de doute[3]; pas de doute sur leur présence près des bords de la mer Glaciale, dans le pays des Samoïèdes où un grand nombre de noms de rivières, de lacs et de villes prouvent le séjour des Lapons. Sjögrén et Castrén nous en sont de sûrs garants. Le nom de Fennes que nous trouvons dans Tacite n'a pas lieu de nous surprendre si nous savons que les Norvégiens appellent encore aujourd'hui les Lapons Finnes, probablement à cause de la configuration du pays dont ils sont venus. (Fennen-land, pays des lacs.) Les premières traditions norvégiennes parlent également d'un peuple

1. *Mœurs aes Germains*, 45.
2. *Mœurs des Germains*, 46.
3. Nimirum gens Laponica ex Finnonicis est orta, interque ipsas nata, sed dein ejecta expulsaque e Fennonica. Schefferi Laponia. Frcf. 1673.

gouverné par des reines, ce qui s'accorde avec Pythéas et Tacite, et même dans le *Kalevala* nous trouvons la confirmation de ce fait : Le pauvre et aride pays de Pohjola est gouverné par une reine nommée Louhi, dont l'énergie et la ruse nous remplissent d'étonnement. Quant à la présence des Lapons en Danemark elle est prouvée par Schubert[1] dans son judicieux travail.

Les Finnois ou Tchoudes ont quitté à leur tour le mont Oural, suivant de près les Lapons jusqu'au centre de la Russie, où Hérodote fait mention d'eux dans sa liste des populations. C'est bien plus tard qu'ils ont occupé leur séjour actuel en Finlande et en Suède. Le moyen âge les trouve divisés en trois empires : celui de Biarmie, de Perm et les Suomis de la mer Baltique. C'étaient des hommes civilisés, de mœurs douces et d'un caractère rêveur. Les premiers ont exploré les mines de l'Oural; ce sont eux qui ont enseigné aux Goths de la Suède l'agriculture (des rois de Suède les ont même fait venir dans l'Ostrobotnie pour défricher les terrains), ce sont eux enfin qui en Biarmie ont été longtemps les instigateurs du commerce avec l'Orient et avec le nord de l'Europe; ils ont fondé cette route commer-

1. Fr. W. Schubert, *Reise durch Schwedn, Lappland und Finnland in den Jahren*, 1817-20. Leipzig, 1823.

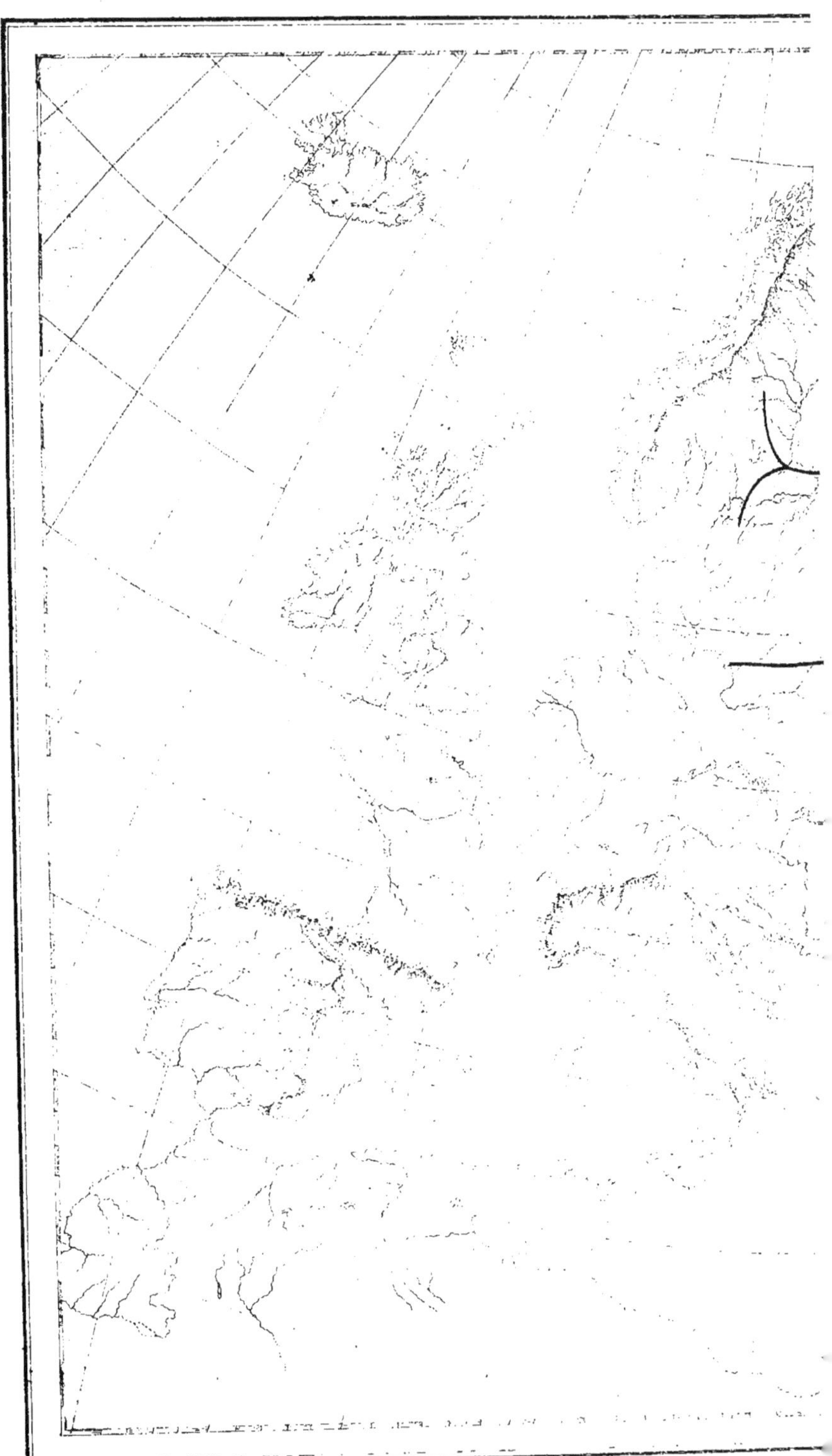

Gravé chez Erhard

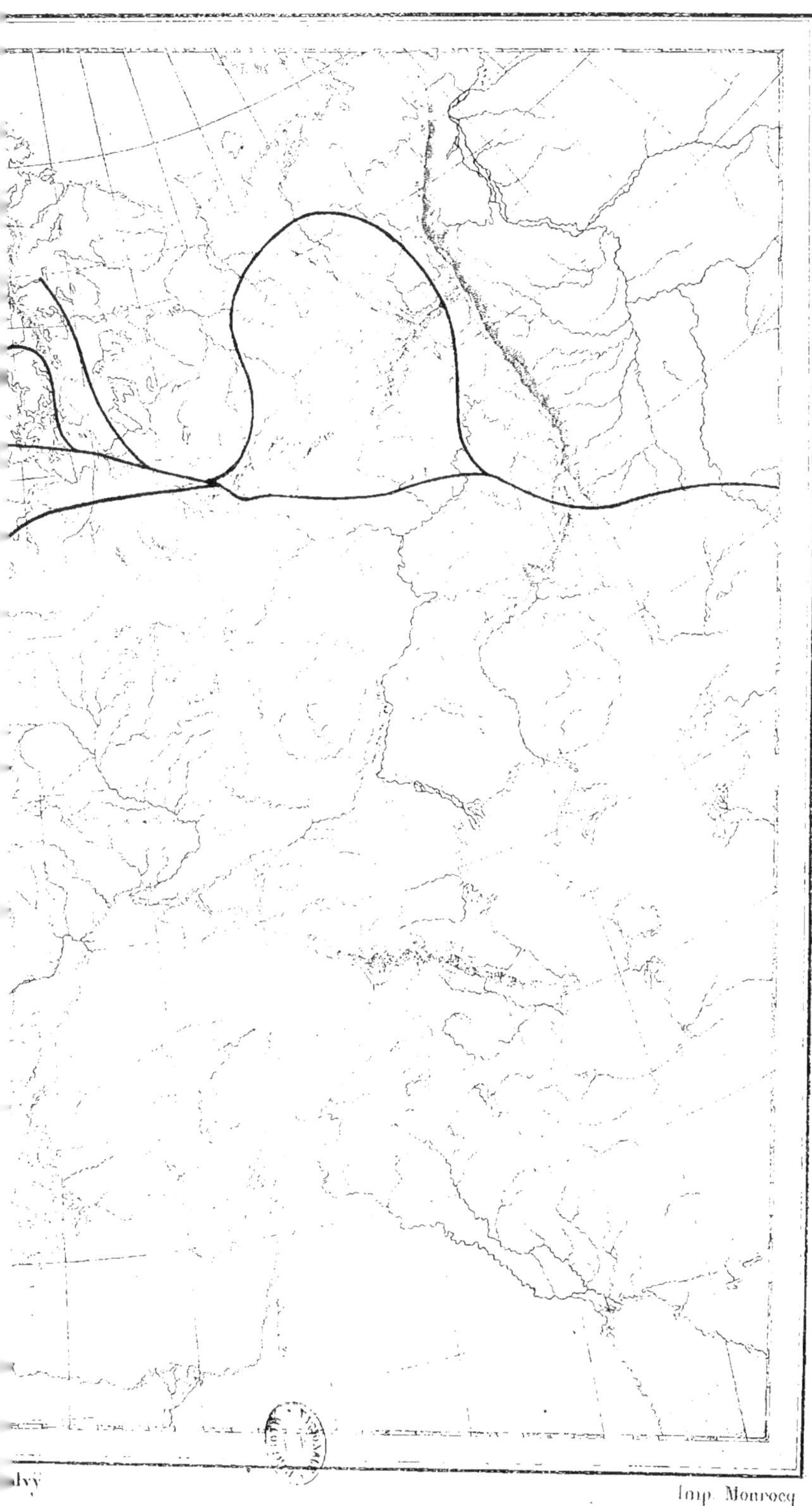

dvy

Imp. Monrocq

ciale qu'Hérodote, Strabon et Ptolémée connaissent
et qui fut la prolongation de la grande route royale
de la Bactriane.

Karamsin dit des Biarmiens que, grâce à la mer
Glaciale au nord, grâce à de vastes forêts au sud et
au sud-est, les Biarmiens jouirent longtemps de leur
indépendance et faisaient un grand commerce, surtout avec les Normands, jusqu'à ce que les audacieux Novgorodiens les eurent rencontrés et bientôt
subjugués[1].

On pourra nous faire l'objection suivante : comment se fait-il que ni Hérodote ni même Aristée
n'eurent la connaissance de ces peuples qui paraissent avoir joui d'une civilisation au moins relative?

Nous répondrons qu'Hérodote parle de l'Oural,
qu'il dit riche en mines d'or, ce qui prouve jusqu'à
l'évidence que des hommes l'exploraient ; ensuite
la grande masse de ce peuple remarquable pouvait
bien, encore à cette époque, être au delà de
l'Oural, peut-être même dans le pays où l'on rencontre au moyen âge l'intelligent peuple des Sères,
sur le compte duquel Müller s'exprime de la manière

1. D'après Lönnrot, les admirables chants du Kalevala
auraient pris naissance dans ce même pays. Castrén ne partage
pas cette manière de voir, et il attribue à ce poëme une origine
asiatique.

suivante : « Vingt-trois ans avant Jésus-Christ, lorsque la dynastie Han gouvernait l'empire du Milieu, il y avait donc trois grandes puissances sur l'ancien continent : les Hans en Chine, les Arsacides chez les Parthes (Asi chez les Chinois[1]), les empereurs à Rome. Tant que la dynastie slave se maintint sur le trône à Lojang, la domination chinoise se maintint sur le plateau de l'Asie centrale ; et les Romains avaient tout interêt à être en bons termes avec le peuple chinois à cause de leurs ennemis communs, les Arsacides de l'Iran ; cette bonne intelligence entre Rome et le Céleste Empire exerça certainement une salutaire influence sur le commerce de ces pays, qui à cette époque était surtout entre les mains des Sères (Sartes), peuple qui cultivait le ver à soie avec beaucoup de succès. » Ainsi s'exprime Müller ; il en fait des Germains ; d'autres après lui ont voulu les assimiler aux Slaves ; nous pensons que c'étaient des Finnois ou Tchoudes, frères des Biarmiens qui sont restés dans la Bocharie d'aujourd'hui, lieu qu'on pourrait regarder comme station intermédiaire dans la migration des Touraniens[2]. Certes nous ne voulons pas

1. Klaproth, *Tabl. hist.*

2. Les riverains même du lac de Baïcale, d'origine slave, ont une tradition qui fait mention de ce peuple. Voir Bastian, *Ethnologische Bilder*. Berlin, 1873.

prétendre que les Finnois ou Tchoudes sont restés là longtemps après Hérodote; au contraire, une grande partie d'entre eux avait déjà envahi les vallées fertiles de l'Oural, et des peuples de la même race ont parcouru la plaine de la Russie centrale en compagnie des Scythes et des Sauromates; seulement nous pensons que ces Tchoudes ou Finnois proprement dits ont été un peuple riche, industriel, possédant une certaine civilisation, qui est venu en Europe après avoir abandonné l'état nomade, degré de développement par lequel chaque peuple doit passer en Asie. C'est peut-être ce même peuple dont Aristée avait entendu parler comme d'une race douce, juste et aimée des dieux. Quant à l'aisance dans laquelle il vivait, ne trouvons-nous pas dans le Kalevala le riche et abondant pays de Kaléva en opposition avec la terre froide et aride de Pohjola?

Mais le moyen âge parle d'un troisième peuple finnois qu'il appelle Ougriens. C'est la branche des Ougoures, qui, venus en même temps que les Finnois pour occuper les monts Ourals, ont les derniers quitté ces hauteurs boisées. Nous en parlerons tout à l'heure.

Les Touraniens ont donc occupé à une certaine époque, et bien avant l'arrivée des Aryens, des Sémites et des Chamites, l'Europe orientale ainsi que le nord et le nord-est de ce continent; mais je me refuse absolument à croire qu'ils aient poussé plus loin jusqu'aux dernières limites de l'Europe, et que le peuple basque soit le dernier vestige de leur présence en Occident.

Les Ibériens, dont nous parlerons longuement dans notre tableau des migrations des Noachides, les Ibériens de la race de Cham ont envahi l'Europe occidentale par l'Asie Mineure ou par les colonnes d'Hercule, et ce sont eux qui ont été rencontrés par les Celtes-Aryens et qui ont fini par se mélanger avec eux. La ressemblance du basque avec les langues touraniennes n'est pas encore établie, et rien n'autorise ceux qui croient à une communauté d'origine de s'appuyer sur l'autorité de M. de Humboldt. Dans son remarquable travail, M. de Humboldt ne parle nulle part de cette parenté, et ses recherches sur la présence de la racine BR dans le basque et dans la langue que les habitants primitifs de l'Espagne ont dû parler, nous autorisent plutôt à croire que les Ibériens étaient des Chamites.

On n'a donc pas le droit de citer Humboldt quand on veut prouver que les Finnois ont habité le centre et l'ouest de notre continent. Toutes les preuves ingénieuses que Koskinen cite à

l'appui de son argumentation nous paraissent insuf-
fisantes, et même les Allophiles de M. de Quatrefages ne peuvent nous convaincre.

Les Finnois ont donc envahi l'est et le nord
de l'Europe, et nous fixerons volontiers cet enva-
hissement à une époque où la mer Noire et la mer
Caspienne étaient encore unies avec la mer Baltique. Müller dit : « Sans aucun doute les environs
du lac d'Aral et de la mer Caspienne étaient autrefois une vaste mer, ce que prouvent le terrain sa-
blonneux et les coquillages qu'on trouve dans ces
contrées. »

L'Oural était donc, à une certaine époque, le
bord de cet Océan qui nécessairement devait com-
muniquer avec la mer Baltique et la mer Noire. Ce
fait a subsisté longtemps comme tradition dans la
bouche des peuples qui habitaient ces contrées. Il
explique comment, après Hérodote jusqu'au temps
de Théodose le Grand, les géographes et les historiens qui ont été moins bien renseignés que le
citoyen d'Halicarnasse ont pu se tromper si grave-
ment sur la configuration du nord et de l'est de
l'ancienne Europe[1].

Les Ougoures, qui ont quitté l'Altaï probable-

1. Voir *Tabula peutingeriana*.

ment en même temps que les Finnois, ou peu après, séjournèrent pendant de longs siècles dans les monts Ourals, peut-être sous la dépendance de l'empire de Biarmie, qui a si longtemps tenu dans ses mains le commerce de l'Asie et de l'Europe.

C'est par ce chemin que les marchandises de la Perse et des Indes arrivaient dans le nord de l'Europe, ce qui explique facilement le désir que les Normands et les Russes avaient d'entretenir des relations avec cet empire, et leur tendance à vouloir le subjuguer pour s'emparer de leur riche commerce. La république russe de Novgorod à cette époque était encore de peu d'importance et n'avait pas fait place à l'empire moscovite fondé par le Normand Rurick.

Mais les peuples Ougoures de l'Oural ne devaient pas jouir longtemps de leur existence paisible.

Les Huns apparaissent. Nous avons traité leur origine dans la partie précédente de ce travail en partant du même point de vue que Koskinen ; ajoutons encore que d'après les sources arméniennes, — celles qui ont le plus modifié dans ces derniers temps les opinions des savants sur ce peuple, — les Huns se seraient séparés de leurs frères les Ougoures non loin des monts Sayans, après quoi ils auraient envahi une partie de la Chine, c'est-à-dire la Mongolie. Après avoir dominé quelque temps sur ces pays, ils auraient été subjugués à leur tour par les Mongols, puis chassés vers les monts Ourals, ils auraient été, à la suite d'un cataclysme qui se serait produit dans l'Asie centrale, refoulés vers le Volga. De là, grossis de peuplades finnoises, ougoures, slaves et gothiques, ils envahirent sous leur grand roi Attila, dont le caractère a été si bien dépeint par Amédée Thierry, les plaines fertiles de l'Europe centrale.

Les plaines de l'Europe entre le Borysthène et le Tanaïs étaient autrefois si fertiles qu'elles exerçaient une influence capitale sur les peuplades nomades qui venaient s'y établir. C'est pour cela que nous voyons dans Hérodote [1] les Scythes agricoles près de leurs frères les Scythes nomades, et c'est sans aucun doute l'influence de ce riche territoire, qui à cette époque était le magasin de blé du monde hellénique, qui a transformé ce peuple et adouci ses mœurs. Mais la fertilité du sol ne pouvait résister longtemps aux nomades, grands ennemis de toute culture et surtout des forêts qu'ils considèrent comme des obstacles à leurs courses vagabondes. Ils emmenaient leurs bêtes dans les forêts, l'herbe était écrasée, l'écorce

1. Hérodote, l. V, III.

des arbres mangée, et dans le cours des siècles les vieux arbres dépérissaient et les forêts disparaissaient ; souvent aussi un incendie se déclarait dans la forêt où le berger nomade conduisait ses troupeaux, et le feu brûlait aussi longtemps qu'il trouvait des matières inflammables, car les nomades ne se soucient guère d'arrêter le progrès de ce fléau destructeur. Plus tard, le soleil darde tellement sur le sol nu et brûlant, qu'il devient presque impossible d'élever de jeunes arbres sur des endroits autrefois couverts de forêts vierges.

La Russie méridionale, qui dans l'antiquité était un pays agricole, fertile et bien cultivé, est devenue peu à peu une steppe aride et inculte, et l'on est obligé de se chauffer avec de la paille dans ces lieux où les Scythes d'Hérodote entretenaient avec des arbres entiers les bûchers « où ils sacrifiaient au plus rapide des dieux le plus rapide des êtres vivants ».

Il est donc bien naturel que les Huns, conduits si habilement par Attila, n'aient point trouvé de butin dans ces plaines incultes de la Russie centrale où de nombreux peuples aussi pauvres qu'eux se faisaient la guerre.

Les Huns imprimèrent leur mouvement aux autres Ougoures de l'Oural, et en entraînèrent une grande partie dans leur marche vers le centre

de l'Europe. La grandeur de l'empire hunnique n'a
pas duré longtemps, et nous pensons que les Bulgares, les Avares et les Khazars, qui ont formé des
empires de leurs débris, étaient des peuples ougoures,
mélangés de peuples finnois. Les preuves que
Koskinen donne à l'appui de cette assertion nous
paraissent concluantes ; nous avons eu soin de les
consigner dans la première partie de notre travail.

Au bord de la mer Caspienne se fondent les
royaumes des Bulgares et des Khazars ; les Avares
se fortifient en Pannonie au milieu de peuples slaves
et des débris de la puissance hunnique.

Les Bulgares se montrent pour la première fois
en 485, donc seize ans après que les Huns, sous les
ordres des fils d'Attila, tentèrent pour la dernière
fois d'envahir l'empire romain. Repoussés, les Huns
rencontrent des frères sur leur route et les aident à
former leur empire.

Koskinen nous prouve, à l'aide de savantes
étymologies, que les Khazars ont parlé une langue
finnoise ; les historiens de ce temps nous démontrent
que les Bulgares parlaient un idiome parent du
khazar ; les Huns enfin étaient évidemment parents
des Bulgares ; il nous paraît en résulter que tous
ces peuples faisaient partie de la race touranienne
plus particulièrement ougoure, mélangée de finnois

et même d'éléments turco-tartares; mais ceux qui cherchent des Turcs dans ces peuples commettent une grande erreur.

Les deux puissants empires des Bulgares et des Khazars disparaissent, les deux grandes cités commerçantes, Bulgar et Atl, rentrent dans le néant ; ce sont les Turcs et les Turcomans qui, à leur tour, arrivent de deux côtés opposés pour envahir les pays où tant de peuples ont passé.

Les races turcomanes et tartares, beaucoup moins agressives que celles des Ougoures, s'établissent petit à petit sur les bords de la mer Caspienne, près de l'embouchure du Volga. *C'est alors que pour la première fois nous entendons parler des Magyares.* D'après Koskinen et Hunfalvi ils habitaient les versants occidentaux des monts Ourals. Koskinen les assimile aux Bachkirs d'aujourd'hui, ce qui nous paraît bien invraisemblable, attendu que les Bachkirs, paisibles et serviles, pourraient bien être les Hippemolges d'Hérodote, tandis que les Magyares étaient encore à cette époque en Asie, auprès de leurs frères les autres Ougoures.

Au ixe siècle, les Mordouans, les Ostiaks, les Vogoules étaient déjà installés dans leur séjour actuel; pourquoi ne seraient-ils pas venus en même temps que leurs frères les Magyares? A

MIGRATIONS DES

Gravé chez Erhard

Br

Halvy
Imp Monrocq

ceux qui nous objecteront la grande différence qui existe entre ces peuples et les Magyares, nous répondrons d'abord que la différence qui existe entre les Finnois proprement dits et les Lapons est encore bien plus apparente, et ensuite que les Magyares qui ont envahi la Pannonie ne sont pas non plus les Döntö-Magyares des monts Ourals dont le pays et les habitudes sont décrits de la manière suivante par un poëte magyare :

Là où les monts Ourals élèvent dans le ciel leurs crêtes puis-
   santes,
Dont la mousse qui les couronne n'est jamais déchirée par le
   vent,
Bien qu'il la frappe de toute sa fureur ;
Là où les traînées de la foudre menacent
Son sommet vierge sans jamais l'atteindre ;
Là où l'Irtis se précipite dans sa course bruyante,
Où des chevaux errants foulent de leurs sabots
L'herbe onduleuse des vastes prairies,
Où paissent des troupeaux de bestiaux, où des moutons laineux
Accompagnent les pâtres de leur bêlement retentissant
Auxquels répondent le soir les échos des monts Ourals,
Là habite le vaillant peuple des Döntö-Magyares.

Ensuite le poëte raconte dans un langage imagé comment ce peuple se prépara durant trois généra-tions pour aller conquérir enfin son patrimoine, les plaines fertiles de la Pannonie.

Nous pensons que les prédécesseurs d'Arpád

ont formé ce petit peuple, l'ont préparé à la conquête, et que le génie d'Arpád lui-même a su lui imprimer, semblable à Attila, ce mouvement impétueux qui lui a fait chasser les nations devant lui depuis l'Oural jusqu'aux bords du Rhône.

Les Döntö-Magyares ne sont donc plus les Magyares d'aujourd'hui, car lorsqu'ils ont franchi les Carpathes, ils ont dû être fortement mélangés de races turcomanes, tartares, etc.; et même des débris de Bulgares, de Khazars et d'Avares se trouvaient certainement dans l'armée d'Arpád.

Quant aux Hongrois blancs, comme les appelle Nestor, qui, sous Justinien (551-560), avaient conquis le pays de Woloch aux bords du Volga, qui, plus tard, s'illustrèrent sous Héraclius (610-641) et prirent possession du pays des Slaves aux bords du Danube, c'étaient des Khazars, d'après Koskinen.

Enfin les Hongrois noirs, qui, également d'après Nestor, paraissaient près de Kiew, sous le règne d'Oleys, avaient d'abord habité, si l'on en croit Constantin Porphyrogénète, dans le pays de Lébedian, près du Don, et avaient été chassés de là par les Petchénègues.

Dans ce même pays, on trouve aujourd'hui les Mordouans, peuplade ougoure dont la langue montre le plus d'affinité avec l'idiome magyare.

La migration des Turcs appartient entièrement à l'histoire. C'est la foi de Mahomet, nous en sommes intimement convaincu, qui a imprimé à ce peuple le caractère essentiellement agressif que nous lui connaissons dans ses migrations.

Trois rameaux principaux se détachent dans la migration des Turcs qui a naturellement précédé la marche des Magyares de l'Oural en Pannonie.

Un courant turc ou turcoman suit le bord septentrional du lac Aral et de la mer Caspienne pour aboutir près du Volga; plus tard il pousse en avant jusqu'au delà de la Tauride. Un second courant bien moins considérable que les deux autres envahit une partie du nord-est de la Sibérie, où nous retrouvons encore aujourd'hui des peuples turcs au milieu d'autres races. Cette migration, dont les traces se poursuivent jusqu'aux monts Sayans, a peut-être été leur dernière; un troisième courant enfin, le plus puissant de tous, envahit à plusieurs époques différentes l'Asie centrale, puis l'Asie Mineure et enfin l'Europe.

C'est donc la grande migration des Touraniens. Nous avons donné tous les détails possibles pour résoudre cet important problème. Plusieurs périodes de l'histoire de ce peuple se perdent dans la nuit des temps; il est donc excessivement difficile de trancher la question d'une manière absolue et d'ériger en loi définitive une théorie qui repose sur des données générales et souvent incertaines. Nous espérons avoir fait de notre mieux pour mettre de la clarté dans ces matières, et nous nous estimerons heureux si le lecteur a pu comprendre les lignes générales du grand tableau que nous avons essayé de dérouler devant ses yeux.

II.

SUBDIVISION DES TOURANIENS.

Nous acceptons entièrement la manière de voir de Hunfalvi pour la subdivision des Touraniens ; elle repose sur des raisons philologiques et diffère peu de celle indiquée par Max Müller.

Voici, d'après le savant magyar, les trois branches principales de cette subdivision [1] :

1° Les langues finnoises, telles que : le lapon, le finnois, l'esthonien, le livonien, etc. ;

2° Les langues ougoures, telles que : le surjane, le votjak, le mordwine, le magyare, le vogoul, l'ostiak, etc. ;

3° Les langues turques, telles que : le turc, le turcoman, le tchouvache, le yacoute, etc.

1. D'après Muller, voilà la subdivision des langues finnoises :

1° Les langues ougoures, telles que : *a.* le

---

1. Nyelvtudományi Közlemények, szerkeszti Hunfalvi Pál. Pesten, 1865.

magyare. — *b*. le vogoul. — *c*. l'ougour-ostiak;

2° Les langues bulgares telles que : *a*. le tcheremisse. — *b*. le mordouan;

3° Les langues permiennes, telles que : *a*. le permien. — *b*. le surjane. — *c*. le votjak;

4° Les langues tchoudes, telles que : *a*. le lapon. — *b*. le finnois. — *c*. l'esthonien;

Castrén fait les subdivisions suivantes :

1. Les Ougriens (Ougres) : 1.° Les Ostiaks; 2° les Vogoules; 3° les Magyares.

2. Les Bulgares : 1° Les Mordouans; 2° les Tchérémisses; 3° les Tchouvaches.

3. Les Permiens . 1° Les Permiens (proprement dits); 2° les Surjanes; 3° les Votjaks.

4. Les Finnois (Tchoudes) : 1° Les Finnois (proprement dits); 2° les Esthoniens; 3° les Lapons.

5. Les Samoïèdes : 1° Les Jurak-Samoïèdes; 2° les Tawgy-Samoïèdes; 3° les Ostjak-Samoïèdes; 4° les Kamassinces.

Enfin M. de Hauslab, qui établit une ligne de démarcation bien précise entre les Touraniens et les Mongols, subdivise ces deux races comme il suit :

1. Les Touraniens : Les Samoïèdes, les Ostiaks, les Esthoniens, les Livoniens, les Finnois, les La-

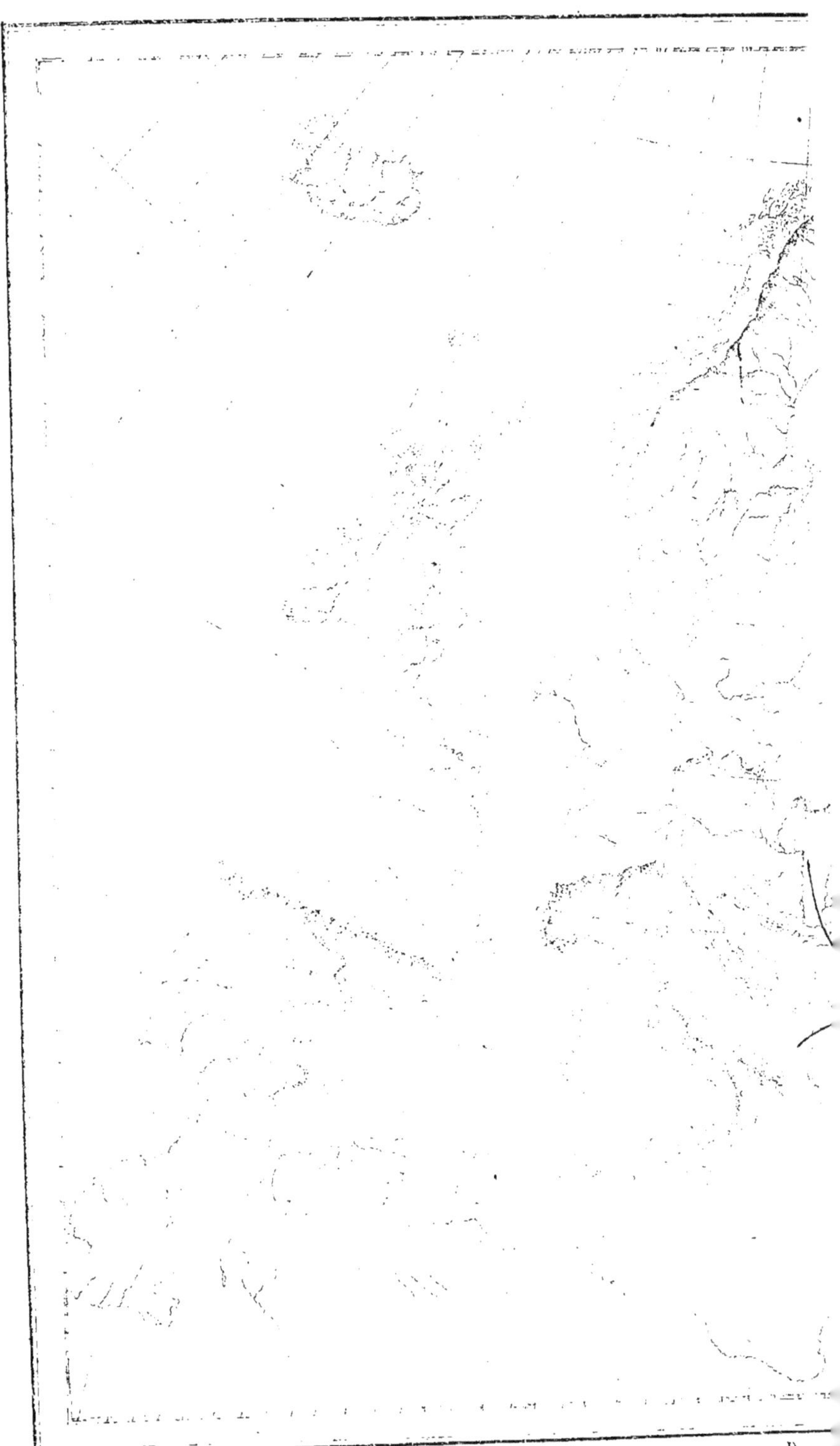
Dress
Gravé chez Erhard

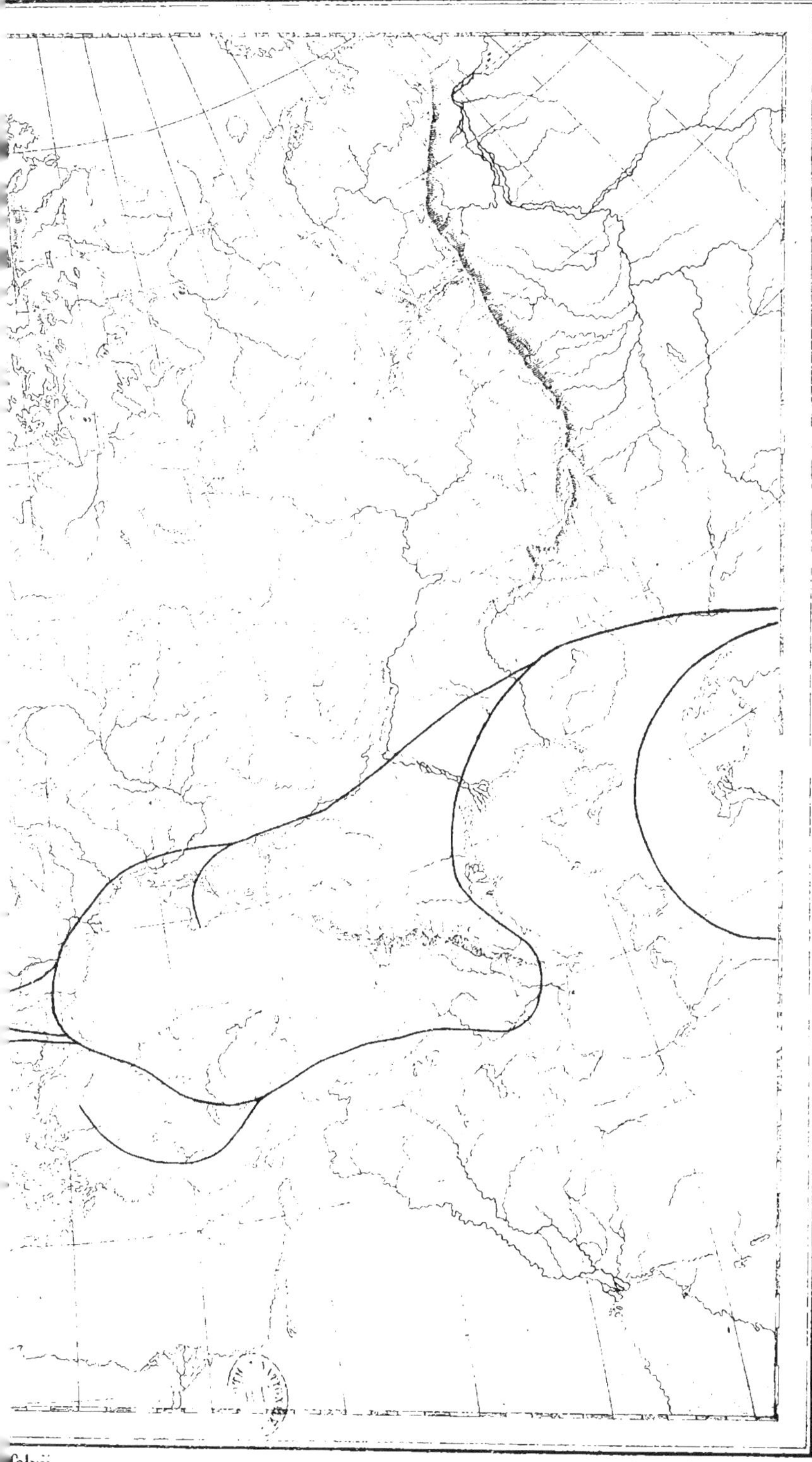
.(TOURANIENS)
Calvy
Imp. Monrocq

pons, les Permiens, les Ougriens (Ougres), les Tchouvaches, les Bachkirs, les Tartares, les Turcs, les Magyares, les Turcomans, les Kirghises et les Jakoutes, etc.

2. Les Mongoles : Les Mongoles (proprement dits), les Bouriates, les Kalmoukes, les Toungouses, les Mandchous, les Youkagires, les Tchouktches, les Koriakes, les Kamtchadales, les Aïnos, les Aleutes, les Esquimaux, etc.

Toutes ces différentes subdivisions méritent l'attention des savants ethnographes[1].

1. *Untersuchungen zur vergleichenden Grammatik des finnischen Sprachstammes,* von Weske. Leipzig, 1873.

Timeo hominem unius libri.
(Saint Augustin.)

PREMIÈRE PARTIE.

I.

POINT DE VUE ETHNOGRAPHIQUE.

Si l'on examine attentivement une carte ethnographique, et qu'on y étudie les rencontres des
peuples en migration et l'étendue des terres qu'ils
ont occupées, il en résultera les déductions les plus
intéressantes pour aider à connaître les habitants
primitifs et ceux qui leur ont succédé aux différentes
époques.

Les peuples choisissent instinctivement, dans
leurs migrations, les chemins qui leur présentent le
moins d'obstacles, les rives des fleuves, les défilés, etc. S'ils y rencontrent des habitants, ils les
refoulent dans les montagnes, vers la mer, à l'entrée

ou dans l'intérieur d'un désert. Quelquefois aussi, on voit un peuple, après en avoir refoulé un autre, l'écarter ensuite pour se faire jour, et arriver à la mer, dont le voisinage présente de si grands avantages.

La science relativement nouvelle de la philologie a prouvé d'une manière péremptoire que les racines des langues principales de l'Europe, — sauf le turc, le hongrois, le basque et les langues finnoises, — sont toutes d'origine âryenne. On a exposé aussi les différents progrès de perfectionnement par lesquels ces langues ont passé pour arriver au développement actuel qui les rend indépendantes les unes des autres. Il est également avéré que l'immense plateau de l'Asie centrale fut le premier séjour des peuples qui parlent aujourd'hui ces langues. Ils sont venus de l'Asie centrale et habitent maintenant non-seulement l'extrémité occidentale de l'Europe, mais encore une partie de l'Amérique. Le but des recherches a donc été de connaître les routes qu'ils ont pu prendre pour arriver dans les contrées qu'ils occupent de nos jours.

Le désir de répondre d'une manière efficace à cette question : Quelles routes ont suivies les peuples en migration? nous suggère la pensée de rechercher un ancien document sur lequel on puisse

s'appuyer pour avoir une description exacte de la position de tous ces peuples à une époque où ils occupaient l'une des stations intermédiaires de leurs
migrations. Nous croyons que ce document existe :
c'est le dixième chapitre du premier livre de Moïse,
connu sous le titre de Tableau ethnographique, qui,
déjà à maintes reprises, a provoqué de savantes
études de géographie et d'ethnographie.

Pour arriver au but que nous nous proposons,
afin de lire, saisir et comprendre ce document, il
faut, avant tout, se rendre compte de la méthode
géographique des anciens en général et en particulier de celle de l'auteur dé ce tableau. On connaît
l'esprit d'ordre et d'exactitude consciencieuse que
les écrivains de l'Orient poussent quelquefois jusqu'au pédantisme, — malgré leurs allégories fré-
quentes, malgré même leurs obscurités mystiques;
— aussi devra-t-on bien moins se préoccuper de
la similitude des sons et des noms que du système
d'énumération et de la suite qu'ils auront mise dans
leurs descriptions. Ces descriptions font l'effet d'un
panorama examiné d'un point élevé et pour lequel
on a suivi la règle de marcher progressivement du
plus éloigné au plus proche, en tournant sur soi-
même d'un côté déterminé[1].

1. Voir à ce sujet : Knobel, *Völkertafel,* Einleitung, p. 14.

Après s'être rendu compte d'une manière logique d'un panorama semblable, il sera facile d'indiquer exactement le point où l'auteur s'était placé pour son travail et de cette façon retracer le panorama lui-même. Le résultat de ce procédé, appliqué au dixième chapitre du premier livre de Moïse, nous apprend que l'auteur se trouvait au bord de l'Euphrate, au 34ᵉ degré de latitude et au 37 1/2° degré de longitude à peu près.

Les anciens ne connaissaient pas la méthode dont nous nous servons pour représenter nos cartes en surface plane ou en perspective avec des rayons visuels verticaux au-dessus decha que point. Ils supposaient leur point de vue très-haut et de là cherchaient à se rendre compte de l'image par une vue panoramique aidée de leur fantaisie. C'est pour cela qu'on rencontre chez tous les peuples de l'antiquité, ou chez ceux dont la civilisation est ancienne, l'idée d'un empire du milieu, d'un nombril de la terre, d'un disque rond nageant dans l'eau (comme preuve, *la tabula peutingeriana* au moyen âge) [1]. Pour entrer autant que possible dans la manière de voir de l'auteur du dixième chapitre, il faudra donc se placer au point déjà indiqué, construire une pro-

1. M. de Hauslab en possède un très-bel exemplaire.

jection orthographique bien exacte du globe, puis
un panorama cylindrique, perspectif et vertical, et
un autre panorama, disque perspectif et horizontal.
En inscrivant maintenant sur ce panorama les noms
bibliques des races de peuples comme rubrique,
d'après le système de l'éloignement, du rapproche-
ment et de la rotation, indiquant les groupes les
plus grands, les plus petits, les subdivisions spéciales, on arrivera à un tableau où tout s'enche-
vêtre admirablement, à un tableau empreint du
cachet de la vérité, aussi bien pour les idées géographiques et panoramiques des anciens que pour
l'étendue de terre occupée par les peuples de l'antiquité et pour la coïncidence des noms. On trans-
crira ce résultat sur les cartes modernes et ainsi on
obtiendra une carte orthographique qui rendra
compte des portions de terrain occupées par les
peuples de cette époque. Mais, pour expliquer les
noms de ces peuples, il ne faudra pas perdre de
vue que les anciens et les Orientaux écrivaient rare-
ment, souvent même n'écrivaient pas les voyelles,
et que seules les consonnes constituent la charpente
des mots, c'est-à-dire la partie importante et
décisive.

L'application du système dit panoramique sera
d'une grande utilité pour l'interprétation des auteurs

de l'antiquité. C'est ainsi qu'il résultera de l'étude du catalogue de navigation d'Homère que l'auteur se trouvait placé à Delphes, le nombril de la terre.

En suivant cette méthode, on précisera les dénominations hébraïques des peuples, celles de leurs tribus et leur position géographique longtemps avant qu'ils ne se fussent établis dans leur séjour actuel, dont ils étaient alors fort éloignés. On arrivera ainsi à des conjectures fondées sur les routes prises par les premières migrations; et aussi sans doute à traduire d'une manière simple, compréhensible et raisonnée les vers[1] qui décrivent la position géographique du paradis avec la division et le courant des quatre fleuves qui y sont mentionnés.

1. Voir page 10.

II.

ARCHÉOLOGIE. — PHILOLOGIE.

Depuis longtemps déjà on pense que les livres de Moïse ne sont point l'œuvre du célèbre législateur, pas même l'œuvre d'un seul individu, mais bien plutôt celle d'auteurs différents non contemporains les uns des autres. On se fonde sur les répétitions inutiles qui reproduisent un même récit de façons différentes, sur les contradictions, les intercalations, les suppléments manifestes, et avant tout sur les différences de style et de langage.

On rencontre dans le tableau ethnographique des passages concernant des villes, de petites tribus nomades, qu'on retrouve encore aujourd'hui, tracés à un tout autre point de vue et selon un tout autre système que le système panoramique dont nous parlions plus haut. N'est-il pas clair qu'il y a là des additions, des explications émanant d'un autre auteur que celui du texte primitif? Il faut donc avant tout arriver à une connaissance claire et complète du procédé de compilation du texte biblique dans les livres historiques.

Les nombreux écrits relatifs aux recherches sur la Bible et à son interprétation peuvent, d'après leurs principes et leurs tendances, se diviser en quatre classes principales :

1° Les écrits des philosophes de la seconde moitié du dernier siècle, de Voltaire, Lessing, etc. Ils découvraient avec un malin plaisir les côtés faibles, vulnérables des livres saints; mais ils sapaient sans chercher à reconstruire, ils n'offraient rien en échange de ce qu'ils détruisaient.

2° Comme réaction, ceux des croyants orthodoxes, des fanatiques, des zélotes qui se cramponnent à la lettre morte n'entrent dans aucune discussion, et, se jetant dans les luttes acharnées, rendent parfois injure pour injure.

3° Les écrits des romantiques, au commencement du siècle : miracles, légendes, histoires, ils cherchèrent à tout expliquer comme mythes, ils voulurent tout déduire d'une manière naturelle et, prenant un ton doucereux, sentimental même, pour rendre ces anciens récits compatibles avec nos idées actuelles. Ils ont produit une littérature de fantaisie souvent fort originale.

4° Les nouvelles recherches des (savants) rationalistes, qui, en sauvegardant le respect et l'admiration dus aux saintes Écritures, à la morale qu'elles contiennent, laissent le champ libre à la raison, aux recherches laborieuses et tranquilles, à l'examen scientifique. Ils procèdent avec impartialité, comme ils le feraient avec n'importe quel document antique, et soutiennent leurs raisonnements en puisant dans la philologie, dans l'archéologie, dans l'histoire et les sciences naturelles. Le résultat de ces travaux est une conquête pour l'esprit humain.

Richard Simon et le médecin Astruc [1] tracèrent cette route, où devaient se rencontrer les esprits les plus éminents. Leurs travaux sont d'une profonde érudition, d'une grande exactitude, et s'occupent surtout de l'essence et de la composition du texte biblique. On peut, d'après l'hypothèse fondamentale sur laquelle ils s'appuient, les subdiviser en deux groupes principaux :

Les uns, s'appuyant sur l'hypothèse dite des documents et fragments, considèrent les livres de Moïse comme une simple compilation de documents

[1]. Conjectures sur les mémoires originaux dont il paraît que Moïse s'est servi pour composer le livre de la *Genèse*. Bruxelles, chez Fricx, 1753.

Voltaire en parle dans son Dictionnaire philosophique, t. VI, p. 123. (Paris, chez Barba, 1828.)

et de fragments émanant de plusieurs auteurs différents et non contemporains. Cette hypothèse est
insuffisante pour expliquer la continuité visible, le
plan fermement arrêté de l'œuvre entière, qui se
manifestent malgré la fréquence des contradictions,
malgré la différence du langage.

Les autres supposent un texte primitif et continu,
émanant d'un seul auteur, auquel des commenta-
teurs et des compilateurs ont ajouté leurs propres
recherches et des idées puisées dans d'autres
ouvrages sous forme de suppléments, d'explication
ou d'intercalation. C'est l'hypothèse des complé-
ments ou des refontes. Elle n'explique pas pourquoi
les auteurs du remaniement n'ont pas fait disparaître
les contradictions, les répétitions, pourquoi ils n'ont
pas refondu les différentes parties afin d'en former
un tout homogène.

Quelques savants aussi ont essayé de concilier
les deux hypothèses, et leurs recherches sont comme
des anneaux de transition.

Mais l'étude de ces deux courants littéraires ne
nous donne pas une conviction suffisante. Nous
sommes au contraire tentés de croire qu'aucune de
ces deux hypothèses n'est la vraie, et qu'il faut
diviser le texte en texte primitif, en notes marginales et en gloses ajoutées à ces dernières.

Notre opinion est qu'il y a eu d'abord des textes primitifs, non contemporains, probablement en vers, contenant les mythes et les traditions des différentes époques sur l'origine du monde et de l'homme, sur le développement intellectuel de l'humanité, sur l'étendue géographique et ethnographique des peuples, le tout écrit sur des tables de pierre et peut-être en caractères cunéiformes. A ces textes on ajouta plus tard, selon l'habitude favorite des Orientaux, — habitude que nous pouvons encore observer aujourd'hui sur les monuments turcs, persans ou arabes, — des notes marginales qui à leur tour furent augmentées de gloses. Les différents textes primitifs traitent d'un sujet bien défini, ils ont un sens continu, arrêté ; au contraire, les gloses toutes seules manqueraient de cohésion et de compréhensibilité ; elles ne sont que des suppléments, des explications, et, d'après le caractère, la position sociale, la nationalité de leurs auteurs, elles poursuivent un but qui s'écarte souvent de celui du texte primitif, et quelquefois même lui est diamétralement opposé ; les différences de style rendent la chose facile à reconnaître.

On est sûr qu'il n'y a point eu de remaniement dans les textes par cela même qu'ils contiennent des contradictions, des corrections et des répétitions, toutes choses qu'il faut nécessairement éviter, ou au moins atténuer, quand de différentes pièces on veut former un tout homogène. Ces tables, d'abord peu nombreuses, mais dont le nombre augmenta plus tard, devinrent le trésor sacré des Hébreux. Ils les emportèrent dans leurs migrations en Palestine, et les placèrent dans une armoire construite à cet effet, ce qui nous permet de conjecturer de leur dimension. Plus tard, ces tables formèrent les archives canoniques et historiques du temple, et finalement elles furent transcrites sur des rouleaux de papyrus ou sur quelque matière analogue. C'est alors que le copiste ajouta les gloses, et, probablement par égard pour la place qui lui manquait, il les déposa aux endroits qui lui semblaient convenables, sans rien changer à la lettre même du texte, grâce au profond respect, à la sainte terreur que lui inspiraient ces documents. Il ne se préoccupa point des contradictions, des répétitions, des erreurs qu'on trouve aujourd'hui et qui résultèrent de cette manière de procéder.

La reconstruction du texte primitif de ces tables portera le cachet de la vérité même et prouvera que non-seulement notre hypothèse est fondée, légitime, mais encore précisera ce fait surprenant qu'en décomposant ce texte avec fidélité et intelligence, on obtiendra un document authentique de la plus haute antiquité, sans aucune altération.

Pour accomplir ce travail, il faut partir de ce principe que non-seulement la manière de désigner Dieu par Élohim et Jéhovah, mais encore les expressions, les locutions qui reviennent à chaque instant émanent de différents auteurs; que des auteurs postérieurs ont pu employer les expressions de leurs devanciers, mais que l'inverse est une impossibilité. Il est donc clair que la première apparition d'une expression a eu lieu dans le texte primitif et non dans les gloses; que le texte primitif a été aussi court, aussi simple que possible, et cependant qu'il doit constituer un tout homogène, compréhensible et sans lacune; qu'il faut reconnaître dans les gloses un certain but, une certaine intention bien définie de la part de l'auteur.

III.

RÉSULTAT ET UTILITÉ DE CETTE RECHERCHE.

1° Une connaissance plus profonde, plus précise, plus exacte des documents qui servent de base à la religion hébraïque et à la religion chrétienne : ces documents gagneront en respect quand leur grand âge, leur authenticité seront prouvés d'une manière sévère, scientifique, compréhensible; quand on aura séparé la partie vraiment historique de celle qui rentre dans la légende.

2° Le fait probable que plusieurs morceaux appartiennent à une époque non-seulement antérieure à celle de Moïse, mais encore à celle d'Abraham.

3° Les suppositions qu'on a le droit de faire sur le caractère, la position sociale, sur la personne des auteurs des gloses et même sur l'époque où ils ont vécu.

4° L'assurance que les Hébreux adoraient tout d'abord plusieurs divinités ou forces, plus tard une divinité ou force dominante, ensuite un Dieu spé-

.cial pour leur peuple, c'était celui qu'ils avaient adoré comme le plus grand, et finalement ce Dieu comme le seul.

De même on reconnaîtra que les auteurs, suivant la manière des Orientaux, parlent souvent par allégorie, par image, qu'ils confondent quelquefois les catastrophes qui bouleversent la nature avec les événements politiques de la même époque, par exemple des inondations avec des révolutions ou des émigrations, des éruptions volcaniques avec les destructions produites par la guerre, le culte de Dieu avec le respect dû aux monarques, etc.[1].

En débarrassant le langage de la Bible de ses ornements fleuris, ampoulés, on obtient la simple histoire du peuple hébreu dans ses vicissitudes entre deux grandes puissances, celle de l'Égypte et celle de l'Assyrie, qui le subjuguent chacune à leur tour. Ce texte complétera les sources historiques nouvellement découvertes et servira de commentaire au monument que l'antiquité nous a légué. Plusieurs fragments de ce texte ont rapport à des traditions étrangères fort anciennes ; ils nous permettent même de jeter un regard sur le temps où l'humanité était encore réunie sur le plateau central de l'Asie,

____

1. Nous avons un exemple analogue dans la *Cloche* de Schiller.

peu de temps avant sa division et sa migration vers les quatre points du monde. On pourra même faire des suppositions sur certains mots appartenant à la langue primitive, monosyllabique sans aucun doute, et ceux-ci serviront peut-être un jour de point de départ, quand on aura découvert les plus anciens documents des Hindous, des Tibétains, des Chinois et des autres peuples de l'Asie orientale.

Cette étude nous prouvera aussi que le but de l'Ancien Testament n'était pas d'être un livre de foi ; c'était (si l'on en excepte les lois morales, les règles du culte de Moïse, souvent changées plus tard, et les sentences de la sagesse) une réunion fortuite de traditions et de récits historiques, concernant les Hébreux comme peuple et comme tribu, récits augmentés de chants politiques, morceaux même érotiques, tous dus à ce peuple. Cette collection formait les saintes archives du temple, l'héritage du peuple.

L'ordre du récit inscrit sur ces tables était probablement le suivant :

Première table. — Le mythe sur la création du monde, au point de vue de l'histoire naturelle ;

Deuxième table. — Tradition sur la culture et le développement de l'humanité ; historique ;

Troisième table. — La description de la manière

dont les races d'hommes se sont répandues : géographie et ethnographie.

Ces trois tables formaient les archives de la tribu d'Héber ;

Quatrième table. — Histoire de la race sémitique jusqu'à Abraham ; historique ;

Cinquième table. — Histoire d'Abraham et d'Isaac ; historique ;

Sixième table. — Histoire de Jacob ; historique ;

Septième table. — Histoire de Joseph ; historique.

Ces tables, portées au nombre sacré de sept, formaient la chronique des Hébreux et plus particulièrement celle des Israélites, lorsqu'ils quittèrent l'Égypte.

Le sanctuaire que Moïse fit construire pour garder les tables était le tabernacle, dont la dimension était deux coudées et demie de long, une coudée et demie de large, une coudée et demie de haut, ce qui permet de se faire une idée assez exacte de la grandeur de ces tables.

Le plus souvent l'auteur, qui comparait le texte de la nouvelle table, ajoutait ses gloses aux anciennes.

DEUXIÈME PARTIE.

I.

STATION INTERMÉDIAIRE DE LA BIBLE.

Depuis que l'on sait que le premier chapitre et
les chapitres suivants de la *Genèse* sont d'origine
assyrienne, et depuis qu'on a trouvé dans les hiéroglyphes de l'Égypte [1], dans l'écriture cunéiforme
des Assyriens [2], la confirmation de beaucoup de faits

1. Voir l'ouvrage : *Aegypten und die Bücher Moses, Sach-
licher Comentar zu den aegyptischen Stellen in Genesis und
Exodus,* von Dr Georg Ebers, 1er Band. Leipzig, Wilhelm Engelmann, 1868. (Le second volume n'a pas encore paru.)

2. Voir le *Journal officiel* du 9 décembre 1872. Découvertes
de M. Smith toutes récentes, et les fragments chaldéens de
Berose, commentés par M. Lenormant.

relatés dans la Bible, on considère ce document, à juste titre, comme le plus précieux monument de l'esprit de l'antiquité qui soit venu jusqu'à nous.

Le tableau ethnographique, tout particulièrement, est d'une importance considérable pour tous ceux qui s'occupent des migrations; car il nous indique, avec une précision admirable, quelques-unes des stations intermédiaires où se sont trouvés les peuples qui habitent aujourd'hui l'Europe. Tout ce qui est antérieur à cette date, qu'on ne peut fixer avec certitude, appartient au domaine de l'hypothèse; tout ce qui est postérieur deviendra peu à peu une certitude absolue[1].

Comme nous l'avons déjà indiqué dans la première partie de ce travail, on peut parfaitement se rendre compte de l'endroit où se trouvait celui qui a tracé ce grandiose tableau de peuples.

Dans toute description de panorama, on commence par les points les plus éloignés, on les décrit à grands traits en général, tandis que plus on se

1. *Handbuch der vorhistorischen, historischen und biblischen Urgeschichte*, von Wollschläger. Oberhausen und Leipzig. 1873.

Die Ergebnisse der neuesten wissenschaftlichen Forschungen über die Ur-und Entwicklungs-Geschichte der Menschheit, von Thomassen. Neuwied und Leipzig, 1872.

Forschungen im Gebiete der alten Völkerkunde, von Gustav, Cuno. Berlin, 1871.

rapproche de l'endroit où l'on se trouve, plus on devient précis, détaillé, tout simplement parce qu'on est arrivé de la terre presque inconnue aux pays qu'on connaît dans les moindres détails [1].

Procédons de la même façon que le narrateur de l'antiquité, et traçons une carte etnographique d'après les principes indiqués dans les chapitres précédents de cet essai.

L'auteur du tableau se trouvait donc au 37°1/2 de longitude et au 34° de latitude au nord de l'Arabistan, entre le pays de Seffin et la ville de Haleb.

Il énumère tout d'abord les fils de Japhet (la race âryenne) :

1° Gomer. — Les Cimbres, au nord des monts Carpathes, de la Crimée jusqu'au Caucase ;

2° Magog. — Les Slaves, près de la ville de Chiva, au bord du lac Aral. Il est probable qu'ils ont quitté le grand courant de la migration âryenne, près de la ville de Hérat. Magog était certainement le peuple le plus éloigné de l'auteur, il n'en donne aucun détail (dans les mêmes contrées nous trouvons plus tard les Gètes, Skètes (Scythes) et Massagètes) [2] ;

---

1. Une carte semblable a été construite par M. de Hauslab, elle est d'une conception admirable.

2. Il est probable que les mots Gètes, Sketes ou Skythes et

3° Madaï. — Les Mèdes. Tous les atlas de la Bible sont d'accord sur l'endroit où se trouvait ce peuple ;

4° Javan. — Les premiers habitants de la Grèce (les Ioniens, les Doriens, etc.) ;

5° Thubal. — Peuple qui a dû habiter dans le nord de l'Asie Mineure, à l'endroit où se trouvent aujourd'hui les mines turques de Tocat[1]. De ce peuple il ne reste plus de trace ;

6° Mesech ou Mosoch. — Probablement dans les environs du mont Ararat, entre cette montagne et le fleuve Tiflis, où se trouve encore aujourd'hui un couvent célèbre. De ce peuple il ne reste également aucun vestige[2] ;

7° Thiras. — Probablement les pères des races romanes.

L'auteur continue. Les fils de Gomer étaient :

a. Askenas. — Les Germains. Depuis le Cau-

Massagètes sont des mots d'une même origine. S est une preposition qui signifie au delà, et Mas encore plus loin. Les Turcs appellent les Chinois Tchin, et, quand ils veulent parler de l'Asie entière, ils disent Tchin-ma-Tchin.

Absolument comme Gog et Magog.

1. Gesenius les assimile aux Tibaréniens.

2. On trouve ces deux peuples réunis dans Hérodote, liv. III, ch. xcIV, et liv. VII, ch. LXXVIII. — Les Septante et la Vulgate les appellent Mosoch.

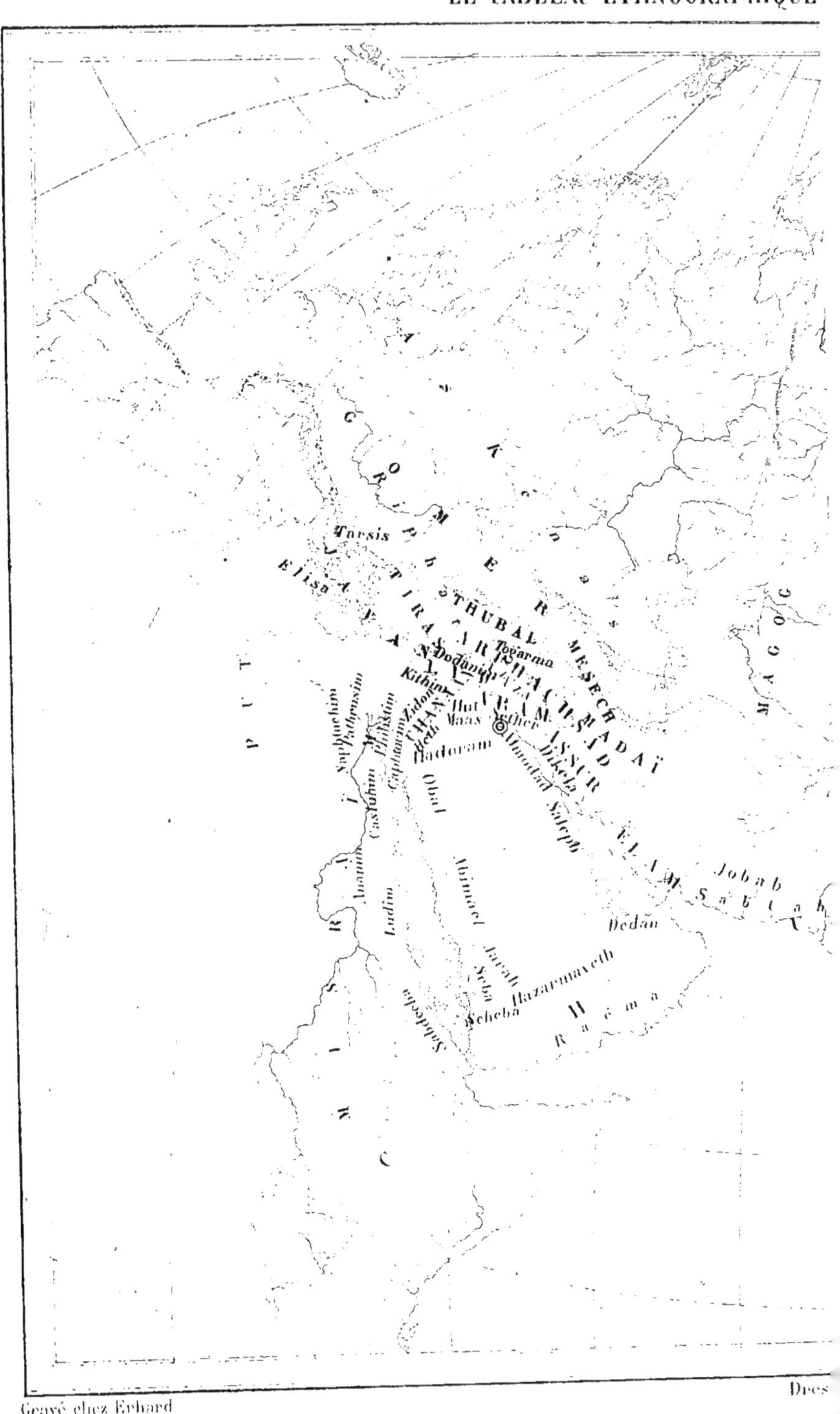
Tarsis
Elisa
GOMER
Kna an
THUBAL
MESECH
MADAï
Togarma
Dodanim
ASCHENAS
RIPHAT
Kithim
ARAM
ISSUR
MAGOG
Naphtuhim
Castuhim
Philistim
Caphtorim
Zidon
Heth
Hut
Maas
Esther
Hadoram
Almodad
Dikela
Obal
Saleph
Jerah
Sabdeca
Abimael
Seba
Hazarmaveth
Scheba
R a é m a
Dedan
Jobab
Sabtah
PUT
Ludim
Anamim
Dedan

Dres
Endroit où se trouvait l'aut
Sémites

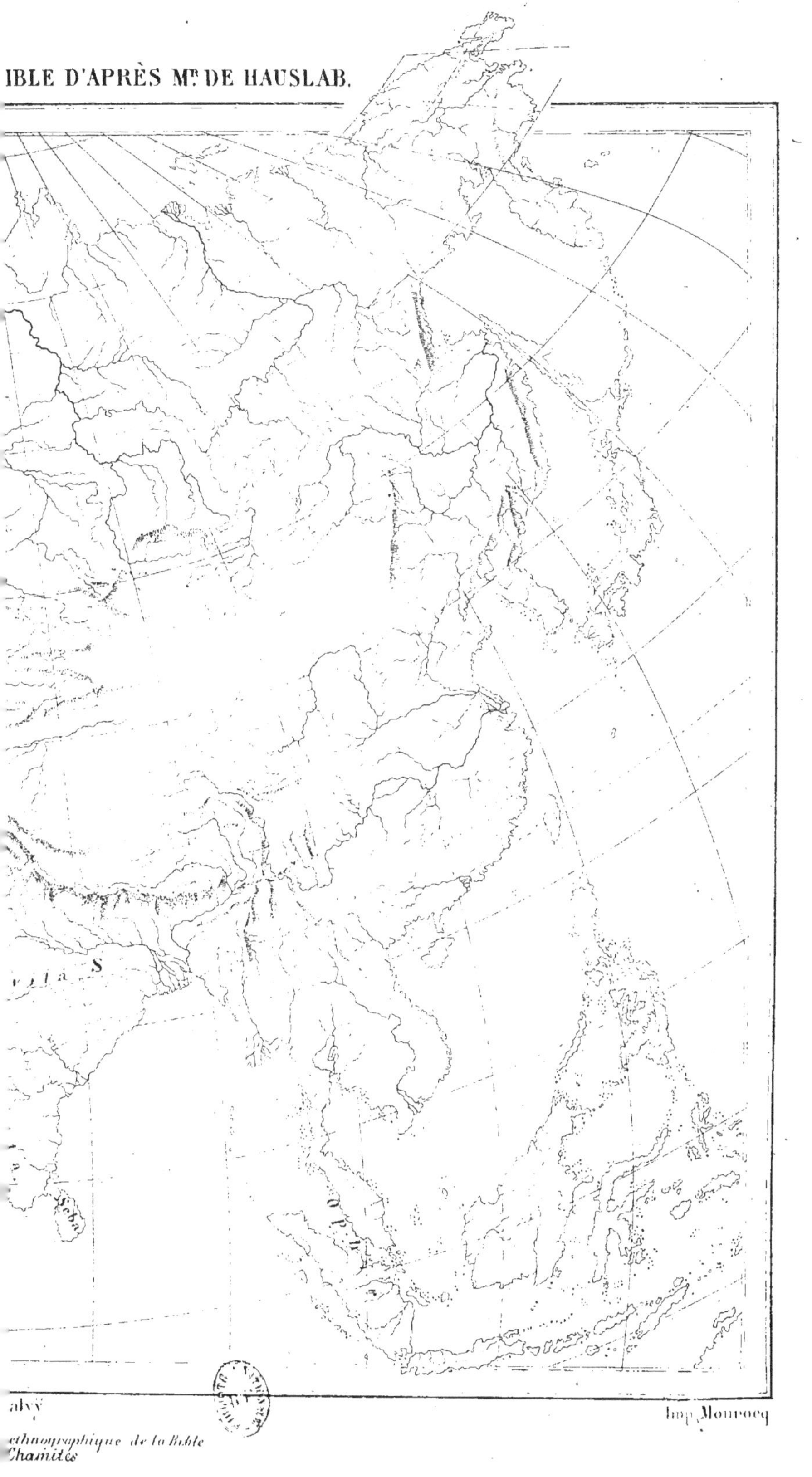
S
Seba
alvy
Imp. Monroeq
ethnographique de la Bible
Chamites

case, au nord de la mer Noire; les restes de ce peuple sont, en Asie, les Persans[1], et dans le Caucase, les Ossètes[2];

b. Riphat. — Les Celtes. Depuis l'embouchure du Danube jusqu'autour des monts Carpathes. Dans toutes les anciennes chroniques on appelle ces montagnes les monts Riphéens (Ripéens);

c. Togarma. — Les Arméniens. Depuis les sources de l'Euphrate jusqu'au lac de Van[3].

Les fils de Javan étaient:

a. Élisa. — En Morée, le pays d'Élis[4];

b. Tharsis. — Certainement les Thraces et les Tirhéniens, proches parents[5];

c. Kithim. — Les habitants de Chypre;

---

1. Voir à ce sujet Max Müller.

2. La langue des Ossètes se trouve placée comme anneau de transition entre le sanscrit et l'ancien gothique. Voir la grammaire comparée de Bopp, par exemple :

Sanscrit.	Ossète.	Gothique.
Pitàr,	Fid.	Fadar, père.
Pasù-s, animal.	Fos, troupeau.	Faihu, bétail.

3. Tout le monde est d'accord sur leur habitation. *Tog* est probablement un adjectif, comme grand ou petit et leur vrai nom était *Ar-man*. Dans ces deux racines on pourrait reconnaître les mots allemands : *Arier* et *Mann* (Aryen et homme). Leur grammaire se rapproche de la grammaire persane.

4. La racine de Elis, L S se retrouve dans le mot He Lla S.

5. Gesenius est aussi de cet avis.

d. Dodanim[1]. — Dans le golfe d'Issus, où se trouve aujourd'hui la ville d'Adana[2].

L'auteur passe maintenant en revue les peuples au sud de l'endroit où il se trouve, c'est-à-dire les enfants de Cham. Ses fils étaient :

1° Chus. — Signifie pays du Sud, comme on dirait aujourd'hui l'Orient. Depuis l'Inde, à travers l'Arabie méridionale jusqu'en Éthiopie ;

2° Misraïm[3]. — L'Égypte, le pays du Nil. En arabe, encore aujourd'hui, Égypte, Misr ;

3° Put[4]. — Les colonies égyptiennes de la Cyrénaïque, aujourd'hui le pays des Berbers ;

4° Chanaan, aussi Chenéan, le pays de l'intelligence, de l'industrie, dans l'antiquité la plus reculée[5], c'est la Syrie, la Phénicie.

Les fils de Chus étaient :

1. D'autres écrivent Rodanim et le rapprochent alors de l'île de Rhodes. Gesenius suppose que Dodanim pouvait être les Dardaniens, c'est-à-dire les Troyens.

2. Encore la même racine dans Do Da Nim et dans A Da Na.

3. Nom duel qui indique la double Égypte, c'est-à-dire la haute et la basse, qui du temps des pasteurs étaient gouvernées par un roi particulier.

4. Pline mentionne dans ce pays un fleuve appelé Phut. Liv. II, ch. v.

5. M. de Hauslab rapproche la racine *Kan, Ken,* du mot allemand Kennen, Können, Kundiger, etc. C'est ainsi qu'il appelle les Askenas, ceux qui connaissaient les Ases (divinités païennes du Nord).

a. Séba. — Ceylan. Grand centre de culture[1];

b. Havila. — L'Inde; du temps de la Bible, ce nom indiquait probablement l'Asie entière[2];

c. Sabtah. — Depuis l'Indus jusqu'au golfe Persique, sur les côtes méridionales;

d. Raéma. — Les bords méridionaux de l'Arabie;

e. Sabdecha. — Probablement l'Abyssinie.

Les fils de Mizraïm étaient nombreux, et des études spéciales et consciencieuses consacrées à ce sujet ont indiqué jusqu'à l'évidence l'endroit où ils ont dû se trouver. Lébahim est certainement le père des Libyens d'aujourd'hui[3].

Chanaan est également subdivisé et on s'aperçoit par cela même que l'auteur s'approche de plus en plus de l'endroit où il se trouvait placé.

Les fils du troisième fils de Noé, de Sem, étaient :

1° Elam, près du golfe Persique;

1. Voir sur l'importance de cette île dans les temps antiques : *Vorhalle zur europäischen Völkergschichte vor Herodotus in dem Kaukasus und an den Gestaden des Pontus. Eine Abhandlung zur Alterthumskunde,* von Karl Ritter. Berlin, 1820. Bei Georg Reimer.

Gesenius n'est pas de cet avis, se fondant sur Josèphe.

2. L'abbé Bertrand est d'avis que c'était l'Arabie.

3. Voir à ce sujet l'ouvrage déjà indiqué de M. Ebers.

2° Assur. Les Assyriens;

3° Arphachsad, près des montagnes qui se trouvent au nord de la Mésopotamie, près des sources du Tigre, entre Malasia et Samosata[1];

4° Lud. Les Lydiens;

5° Aram, dans les environs d'Antioche. Les Araméins, proches parents des Assyriens.

Enfin l'auteur se trouve en pays de connaissance, et il entre dans les plus petits détails.

Les fils d'Arphachsad, Selva et Héber, sont pour nous les plus intéressants, car ce dernier fut le père des Juifs et des Arabes.

M. de Hauslab prétend que les Hébers étaient les restes des Chamites de Nemrod qui ont adopté la langue des Sémites, peuple beaucoup plus cultivé qu'eux. Ils ont conservé toutefois la racine B R, racine qui se rencontre partout où les Chamites (Ibériens) ont séjourné. M. de Humboldt en parle d'une manière très-détaillée dans un de ses ouvrages. La racine B R se retrouve même dans Abraham. L'abbé Bertrand n'est pas de cet avis. Il soutient que les Hébers, enfants d'Arphachsad, étaient des Sémites et qu'il n'y a pas lieu de les

1. Gesenius est du même avis.

confondre avec les Chamites commandés par Nemrod.

Voilà donc le tableau ethnographique de la Bible, tel que l'auteur le retrace et tel que M. de Hauslab l'interprète sur ses cartes bibliques.

II.

LES MIGRATIONS EN GÉNÉRAL.

Avant d'aborder la question des migrations elles-mêmes, qu'il nous soit permis d'émettre une théorie générale que nous croyons exacte. Quand on observe à la campagne une fourmilière, on voit que chaque fourmi qui retourne à sa demeure choisit le chemin le plus court, le moins accidenté, le plus pratique. Elle évite soigneusement les sinuosités du sol, elle ne fait pas un détour d'un millimètre sans avoir une raison majeure comme la rencontre d'une éminence ou d'une excavation du terrain ; un instinct prodigieux la guide. De même, les peuples qui ont quitté le plateau de l'Himalaya pour se répandre en Asie, et plus tard en Europe, conduits par le même instinct, ont voyagé suivant le courant des fleuves, franchissant les cols des chaînes de montagnes, traversant les défilés, ne faisant jamais un détour qui ne leur fût imposé par la nature. C'est ainsi qu'à l'aide d'une bonne carte en relief, nous pouvons suivre plus qu'approximative-

THÉORIE DES MIGRATIONS

I.

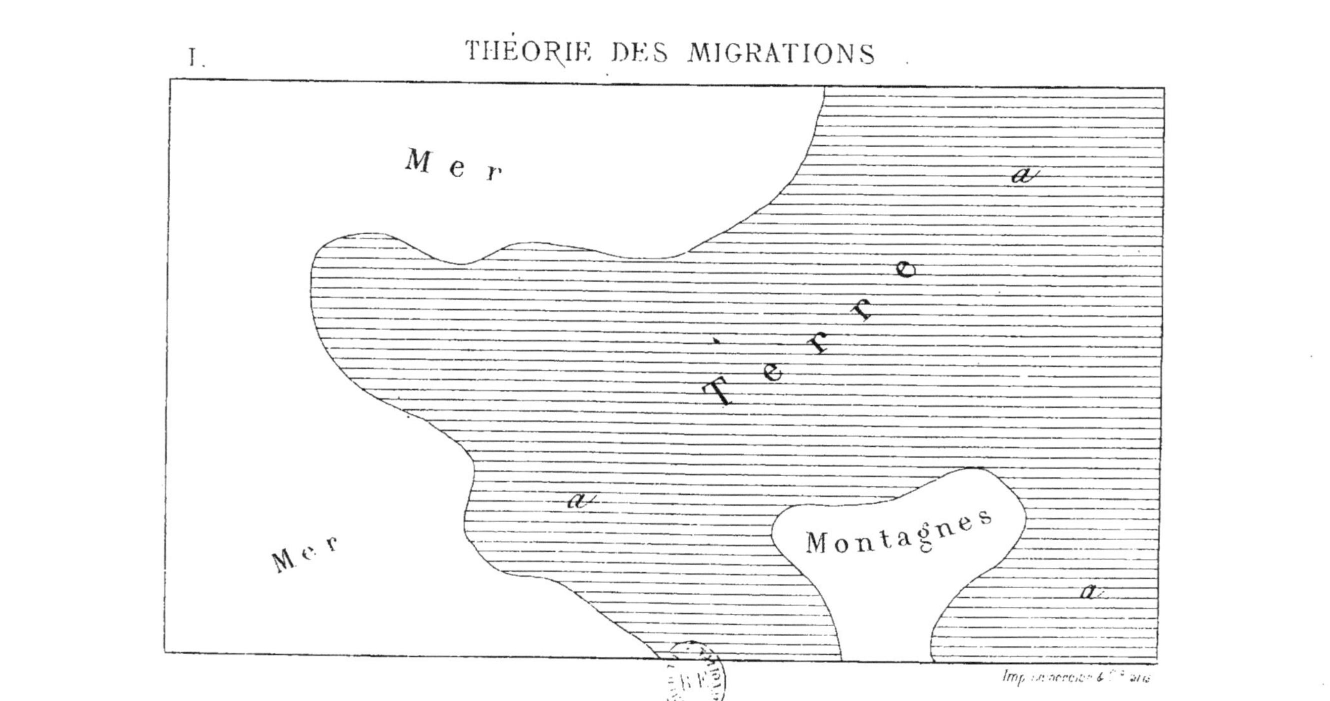

Imp. .... & C.ᵉ Paris

ment le chemin que chacun des différents peuples a parcouru, et cette étude conduit à des travaux du plus haut intérêt, par exemple celui de M. Bergmann, sur les couches de populations dans le Vorarlberg (Tyrol[1]). Dans leurs premières migrations, les peuples choisissaient les contrées les plus fertiles et les plus agréables à habiter, tandis que les montagnes et les forêts ne furent occupées que par les peuples qui y avaient été contraints, poussés par des migrations successives.

Nous essaierons de démontrer la théorie des migrations à l'aide des quatre tableaux que nous avons annexés à notre travail, et qui représentent les envahissements successifs d'une presqu'île par différentes peuplades.

Le premier tableau représente la partie d'une presqu'île habitée par une population peu nombreuse qui a choisi naturellement la plaine, les vallées et le bord de la mer, comme séjour favori; les montagnes sont encore inhabitées et les forêts restent vierges. La population est clair-semée,

---

1. Jusque vers le milieu du moyen âge le Vorarlberg était entièrement couvert de forêts, et Bergmann nous montre sa colonisation successive.

Anfänge der Cultur von Tyrol, übersetzt von Spengel und Poske. Leipzig, 1873.

à cause de son petit nombre et de l'étendue du terrain.

Second tableau. Les peuples qui habitent derrière se sont ébranlés : le peuple b exerce une pression sur le peuple a, seul habitant du pays jusqu'alors; mais à son tour le peuple b éprouve une pression exercée par le peuple c, qui paraît au fond. Le peuple a est en partie refoulé vers la mer, en partie jeté dans les forêts et les vallées de la montagne.

Troisième tableau. Le peuple b, pressé plus fortement par le peuple c qui lui-même éprouve déjà la pression du peuple d, refoule le peuple a encore plus loin vers la mer et à son tour est forcé de se réfugier dans les montagnes.

Le quatrième et dernier tableau représente l'époque précédant le mélange définitif de ces différentes populations. Le peuple a n'apparaît plus qu'en petites fractions, à l'extrémité de la presqu'île et dans les vallées les plus élevées de la montagne. Le peuple b forme un cercle autour de lui, il a dû aussi monter encore plus haut dans les montagnes. Le peuple c, à son tour, a été également contraint de se retirer au pied de la montagne. Le peuple d s'étend dans la vaste plaine, il occupe momentanément la meilleure position, parce qu'il

II.

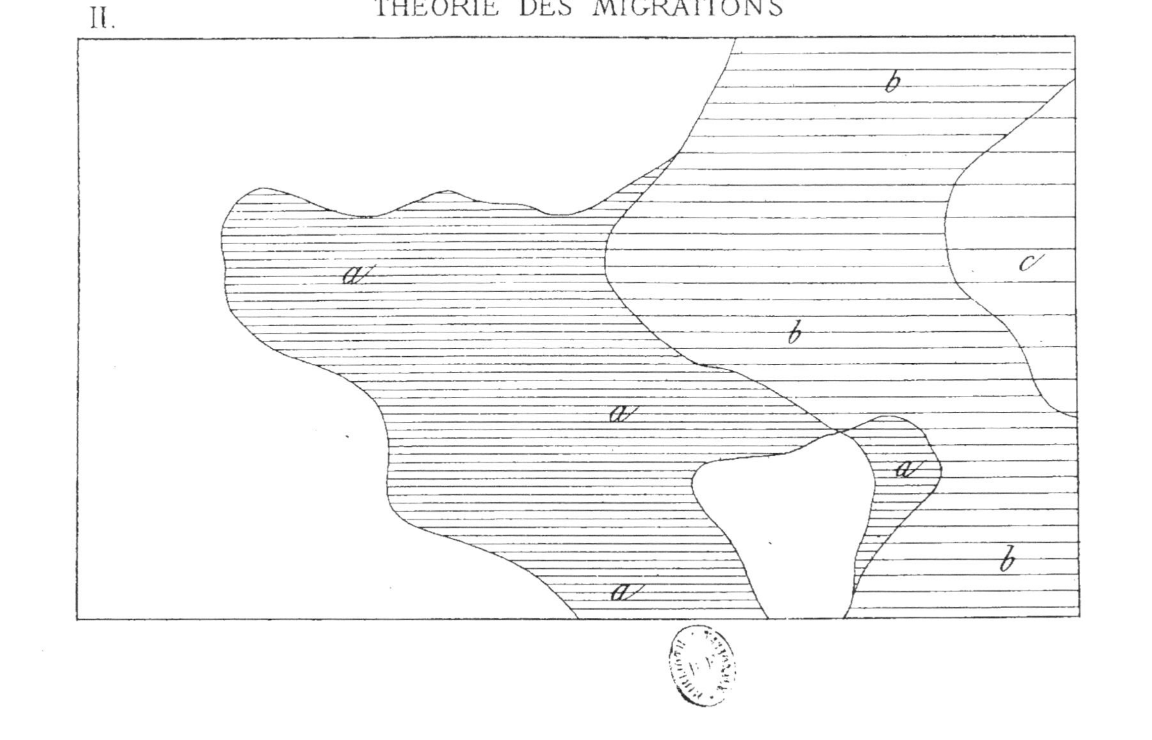

III

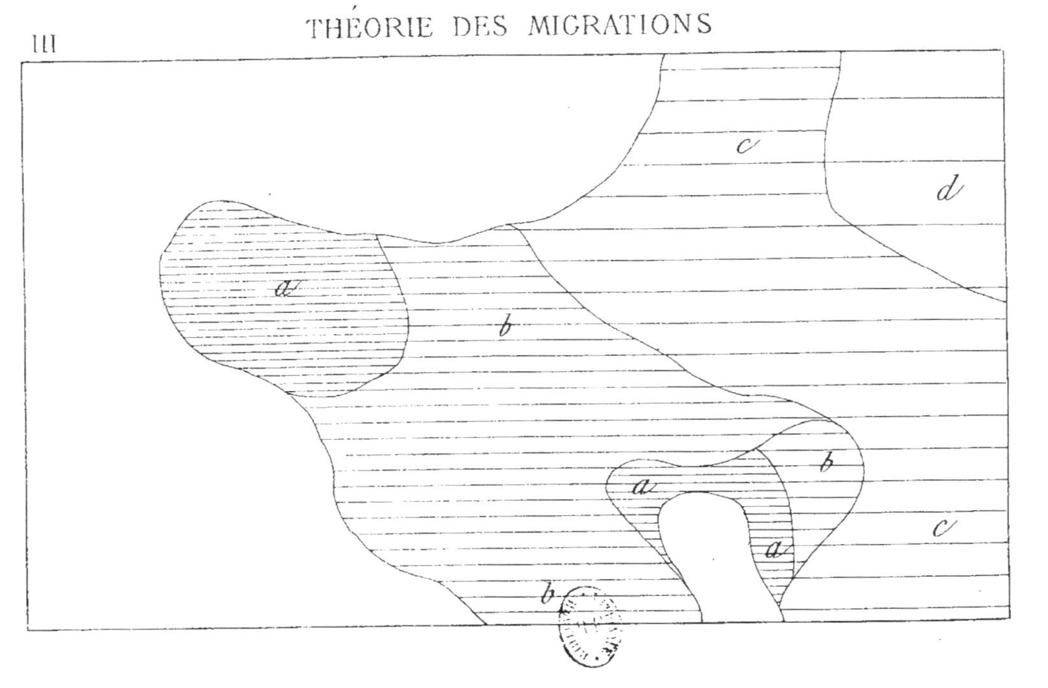

THÉORIE DES MIGRATIONS

IV

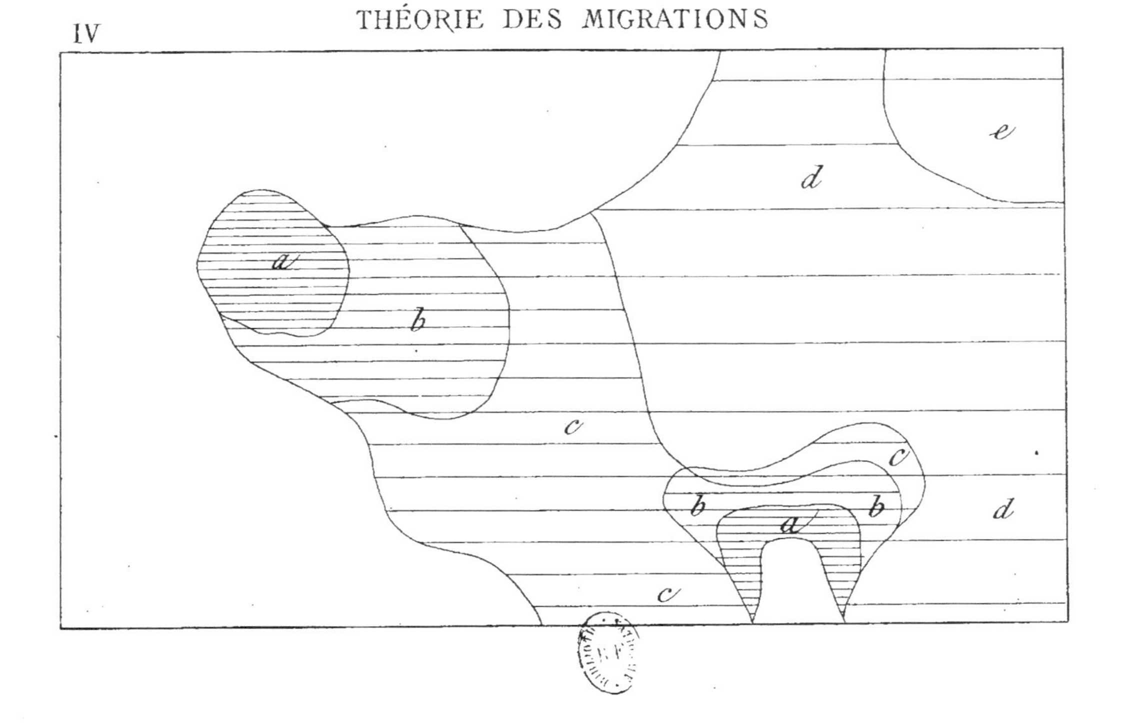

est le plus fort, le plus puissant, mais il s'aperçoit déjà du voisinage du peuple *e* qui le foulera peut-être à son tour, si une contre-pression n'a pas lieu. Nous voyons un exemple saisissant de cette contre-pression dans la vallée de la Mur en Styrie (Autriche); les Allemands de la plaine et les Allemands des montagnes sont d'une race tout à fait différente. Cela s'explique facilement. Les Germains arrivés dans ce pays ont chassé les Celtes, qui, à cette époque, ont préféré se retirer vers la Gaule et qui ne sont restés qu'en fractions insignifiantes dans ces montagnes [1].

Les Germains, pressés à leur tour par les Slaves, ont reculé vers l'ouest, mais un grand nombre d'entre eux se sont réfugiés dans les montagnes et les Slaves se sont établis dans la plaine. Plus tard les Germains, ne pouvant plus faire reculer les Celtes, ont exercé une contre-pression sur les Slaves, qui ont dû céder et se sont retirés à leur tour vers l'est, laissant des débris au pied des montagnes et dans les vallées peu élevées; ce qui fait que trois

---

1. On retrouve encore des mots gaulois, celtiques, dans les Alpes. Le mot Tauern en est un. Les noms des montagnes et des fleuves ont en général moins souvent changé que ceux des villes.

populations bien distinctes se trouvent là en présence :

Les Germains venus les premiers, les Slaves et d'autres Germains venus en dernier lieu (Bojares).

Quelquefois aussi une population a été refoulée dans une vallée avec une telle vigueur, qu'elle s'est vue contrainte de passer en partie la crête des montagnes et de descendre dans une vallée opposée. Il en résulte qu'on trouve quelquefois sur le versant d'une montagne plusieurs couches de peuples, c'est-à-dire plusieurs échelons de différentes peuplades, tandis que sur l'autre versant il n'y a qu'un seul peuple semblable au plus élevé du versant opposé. C'est donc une opinion erronée que de considérer les chaînes de montagnes comme les frontières naturelles des peuples.

D'après cette théorie, il serait du plus haut intérêt d'étudier les différentes couches de populations entassées les unes sur les autres dans les différents pays de l'Europe ; on pourrait de cette manière prouver qu'à plus d'un endroit, le fond prévalant d'une population (c'est-à-dire la première et la plus puissante couche) n'est nullement en harmonie avec le nom qu'elle porte officiellement aujourd'hui. En cherchant sur les cartes les endroits où les plus puissants courants de migrations ont passé ou se sont entre-choqués, on pourra s'assurer facilement de la justesse de nos observations.

TROISIÈME PARTIE.

I.

MIGRATION DES ASIATIQUES.

Il y a eu certainement un moment où tout l'ancien continent était recouvert d'eau, sauf les hauteurs de l'Himalaya et les chaînes de montagnes avoisinantes. Il n'est plus douteux aujourd'hui que le désert de Gobi était à une époque du développement de la terre une vaste nappe d'eau[1]. Y avait-il des hommes à cette époque?... Nous le pensons. Ces hommes devaient nécessairement habiter ces vastes plateaux de l'Asie centrale, le berceau de l'humanité.

[1]. *Der ugrische Volksstamm,* von F.-H. Müller. Berlin, 1837. Bei Dunker und Humblot.

L'eau s'écoulait peu à peu ; au fur et à mesure les îlots formés par les hauteurs de l'Asie Mineure, de l'Inde, etc., devinrent des contrées unies entre elles, fertiles et habitables. La température changeait aussi, elle devenait plus froide, plus rigoureuse, dans les régions que les hommes avaient habitées jusqu'alors, et ceux-ci se mettaient tout naturellement en mouvement et se répandaient en Asie. Les uns partirent de l'Altaï pour envahir le nord de ce continent, les autres le nord-est (la Bible les appelle les Ja-Bal) ; les autres en occupèrent l'est (dans la Bible, You-Bal)[1], et d'autres encore, le sud, plus particulièrement les Indes (dans la Bible, Thou-Bal-Caïn).

M. de Hauslab pense que les Touraniens ne forment pas une seule et même race avec les Mongols, comme beaucoup de savants le prétendaient jusqu'à présent. Les découvertes physiologiques et anthropologique des derniers temps s'y opposent. La première et la principale race dans la Bible est celle des Adamites, les Touraniens en font partie. Lamech n'en parle pas, parce qu'ils étaient de sa race, il indique seulement les Mongols (Ja-Bal) ;

---

1. Il y a des auteurs chinois qui appellent encore aujourd'hui la musique You. Youbal serait donc un être s'occupant tout particulièrement de musique.

les Chinois (You-Bal); et les Malais (Thou-Bal-
Caïn), qui tous ont émigré dans une direction orientale. Pour la même raison les Touraniens ne sont
pas mentionnés entre les Noachides, parce qu'ils
n'ont pas suivi le courant occidental. Absolument
pour la même cause, les Hindous, sans aucun
doute, de race âryenne, manquent dans le tableau
ethnographique de la Bible, entre les Japhétides.

Les migrations des (Ja-Bal) Mongols et des
(You-Bal) Chinois sont complétement inconnues;
mais elles ne seront certainement pas difficiles à
suivre, vu l'étendue de terrain qu'ils occupent aujourd'hui.

Les premiers habitants des Indes, les Thu-Bal-
Caïns, étaient probablement des Malais et plus
tard quelques races chamitiques; ils ont été refoulés
de bonne heure vers la mer par les Hindous, peuplade d'origine âryenne [1].

Les Malais se sont répandus sur les îles de
l'Hindoustan et même jusqu'à Madagascar [2].

---

1. Voir François Bopp, *Ueber die Verwandtschaft der ma-
layisch-polynesischen Sprachen mit dem indisch-europäi-
schen.* Berlin, F. Dümler, 1811. — J.-K. Kaltschmidt, *Verglei-
chung der Sprachen von Europa, Indien,* etc. Leipzig, Wilh.
Schrey, 1845.

2. Ont-ils trouvé des habitants dans ces pays? Cette question a besoin d'être profondément étudiée.

Très-intéressante est la migration d'une autre branche d'autochthones de l'Inde, c'est-à-dire celle des Bohémiens, Zingaris, etc. Miklosich nous en trace un tableau fort bien fait [1].

Les Zingaris quittent donc les Indes, entrent en Abyssinie par les deux détroits d'Ormus et de Bal-el-Mandeb ; de là ils descendent le long du Nil en Égypte, de l'embouchure de ce fleuve ils vont en Grèce et en Asie Mineure, en Turquie et en Hongrie. Arrivés en Hongrie, ils se scindent en deux : les uns vont en Russie (à Moscou il y a beaucoup de sédentaires), les autres vont le long du Danube en Bohême, où ils se divisent de nouveau. Les uns passent par l'Allemagne du Nord et le Danemark et se rencontrent en Norvége avec ceux qui de la Russie y sont allés à travers la Finlande et la Suède ; les autres vont de la Bohême en France et en Angleterre, enfin un troisième courant suit le cours du Danube en amont et le cours du Rhône en aval et arrive en Espagne. On pourrait dire que ce petit peuple a eu, à l'instar des Vandales et des Normands, l'instinct tout particulier du voyage. C'est une race remarquable par son originalité et la

1. *Ueber die Mundarten und die Wanderungen der Zigeuner Europa's,* von Franz Miklosich. Wien, 1872. Bei C. Gerold Sohn.

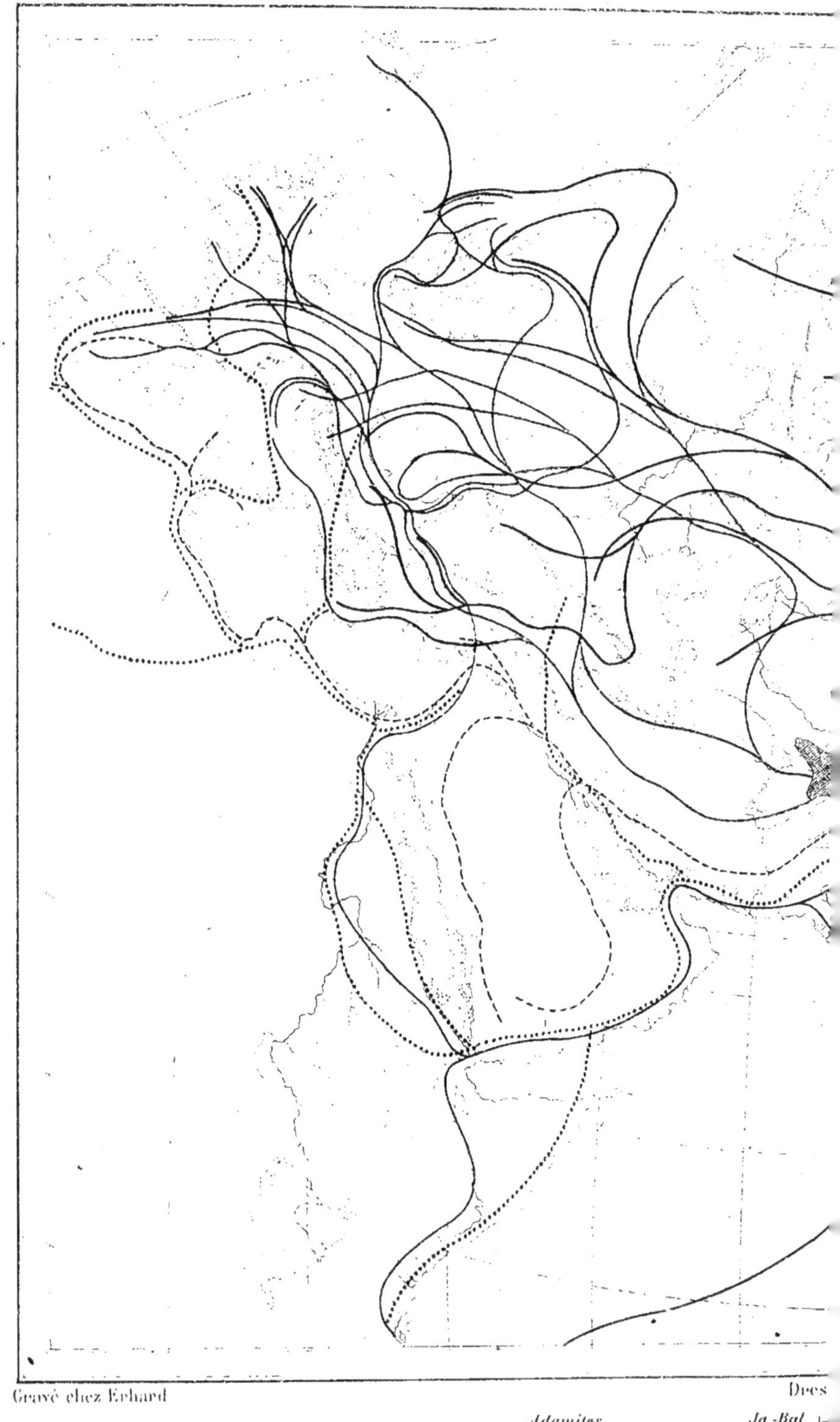
Gravé chez Erhard
Dres
Adamites
Ja-Bal
Nouchides
Touraniens
Mongols

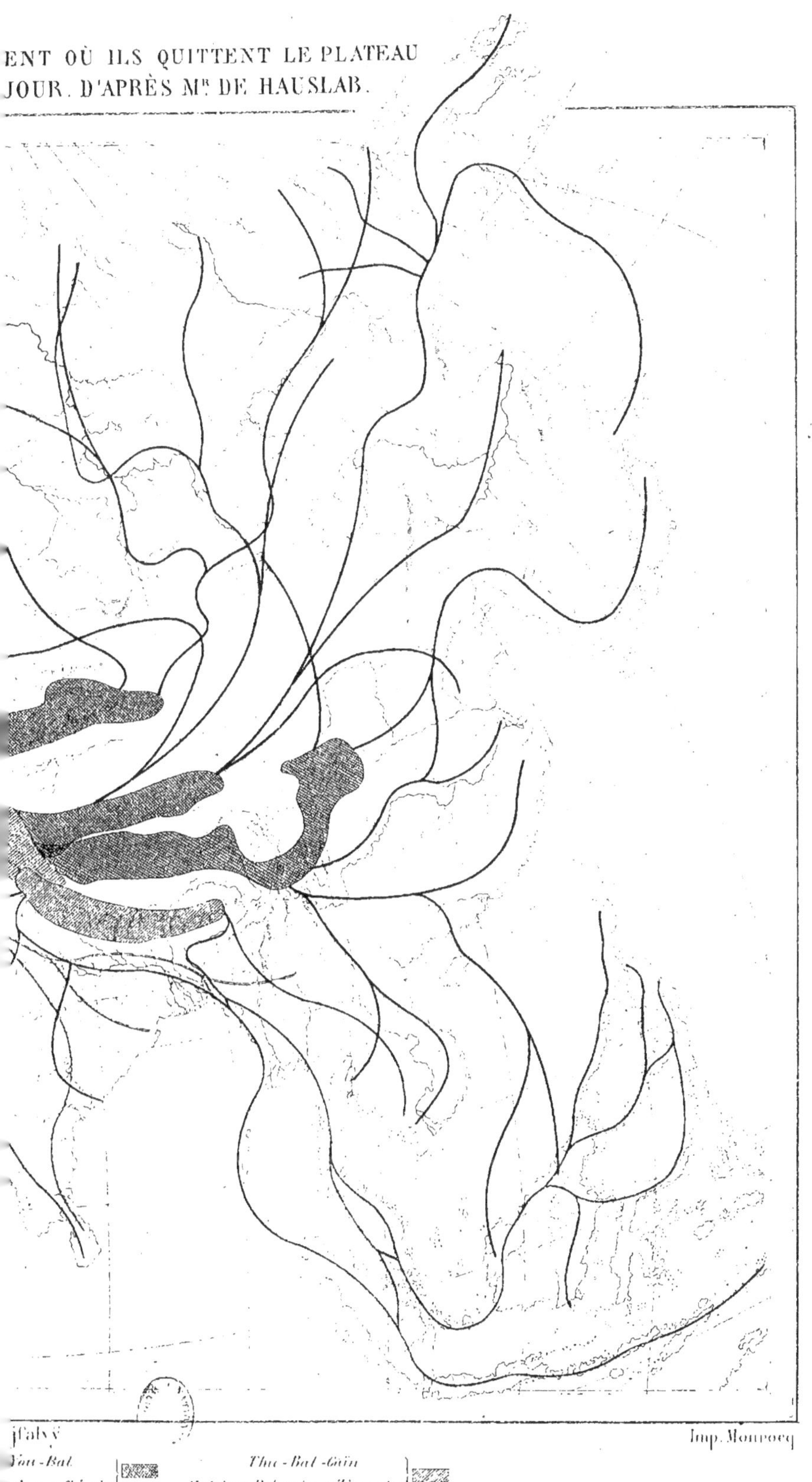
ENT OÙ ILS QUITTENT LE PLATEAU
JOUR. D'APRÈS Mr DE HAUSLAB.
Italy
Jou-Bat.
tins et Chinois
Thu-Bat-Gain
Malais et Bohemiens (Zingaris)
Imp. Monrocq

Gravé chez Erhard

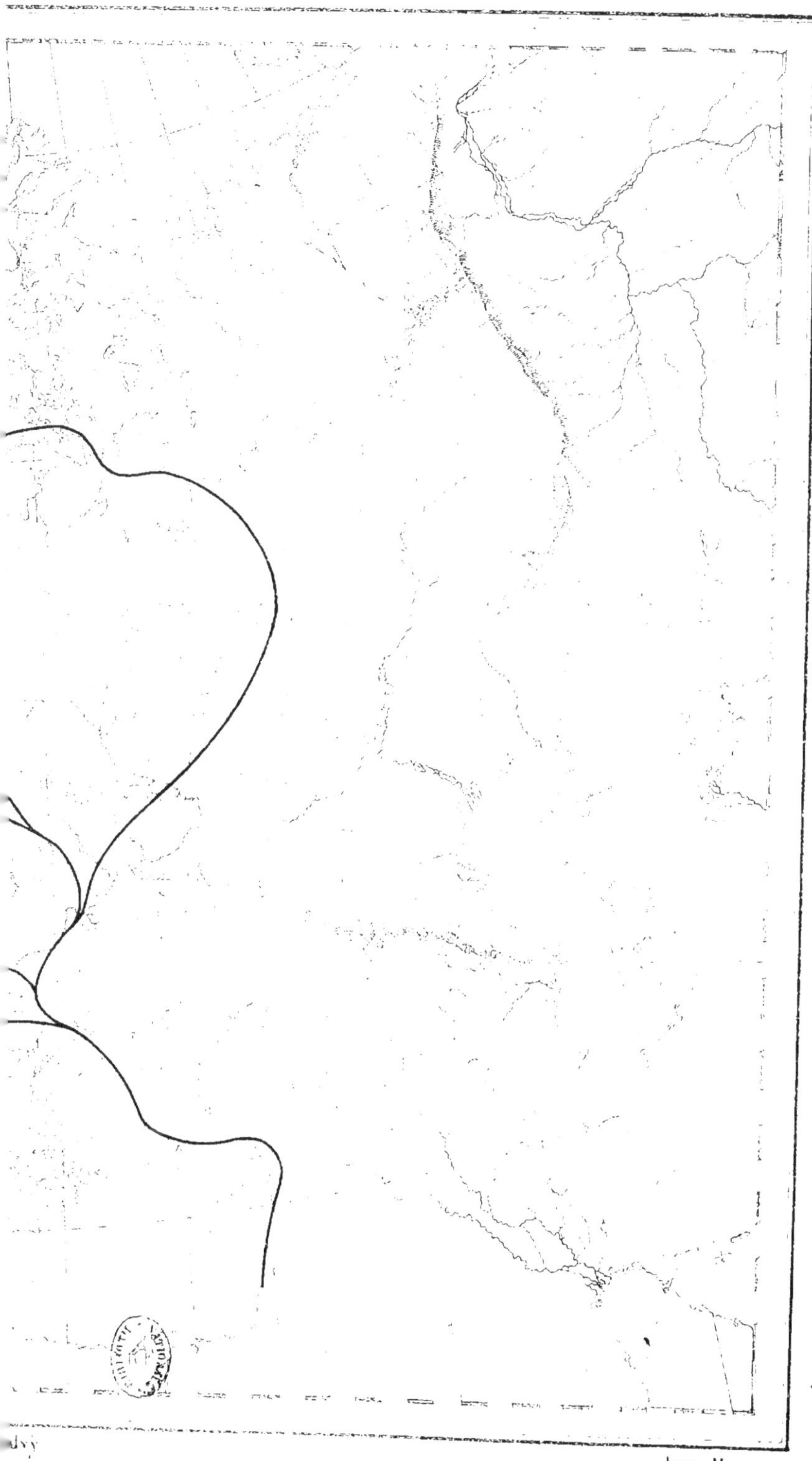

D'APRÈS M. DE HAUSLAB.
Imp Monrocq

ténacité avec laquelle elle a su conserver sa croyance, sa langue et ses mœurs[1].

Nous trouvons dans la Bible, liv. I, chap. IV, vers 19, que Lamech avait deux femmes, Adda et Zilla.

Dans la Bible, les fils signifient des peuples, dit M. Hauslab ; les femmes et les filles des points cardinaux et des villes; Adda était donc le nord-est et l'est, et Zilla le sud. La première enfanta Ja-Bal et You-Bal ; la seconde Thou-Bal-Caïn.

Nous avons donné l'explication de ces noms. M. de Hauslab pense qu'une partie des Mongols a dû franchir le détroit de Behring et peupler l'Amérique septentrionale; comme preuve on n'a qu'à regarder la configuration géographique du terrain depuis l'Altaï jusqu'au détroit de Behring. Cette pensée s'accorde donc avec la plastique de la terre.

Quant aux Thou-Bal-Caïn, M. de Hauslab prétend qu'une partie des Drawadas a dû peupler le cap de la Bonne-Espérance en passant par Madagascar, car les Caffres ainsi que les Hottentots se distinguent essentiellement des Nègres. Une autre

---

1. Dr A. F. Pott, *Die Zigeuner in Europa und Asien,* 2. Bd. Halle, E. Haynemann, 1844-45.

Karl Hopf, *Die Einwanderung der Zigeuner in Europa,* Gotha, Andreas Perthes, 1870.

branche peupla Malacca, Sumatra, Java, les Philippines jusqu'à la Nouvelle-Zélande, Taïti et l'île de Pâque jusqu'aux îles de Sandwich, etc.

L'ordre chronologique dans lequel les premières migrations se sont mises en marche n'est pas encore connu.

II.

MIGRATION DES NOACHIDES.

Nous pensons que les enfants de Noé sont descendus les derniers de leur antique demeure :

L'archipel que l'Europe formait à cette époque (on en trouve la confirmation dans la Bible même) sortait de plus en plus des eaux, et invitait les peuples à l'occuper. Nous ne croyons pas qu'il y ait eu des autochthones, pris dans le sens le plus restreint du mot [1].

Les Finnois ou plutôt des peuples finnois de la race touranienne-altaïque occupèrent dans des temps fort anciens le nord de notre continent, la Suède, la Norvége, l'Islande, même le Groënland. Ils choisirent de préférence ces contrées, qui à cette époque

---

1. M. de Hauslab pense que les Ibériens — donc les Chamites — ont, les premiers entre les Noachides, occupé l'ouest de l'Europe en même temps que les Touraniens en ont occupé le nord ; plus tard les Aryens s'avancent entre les deux peuples, et encore plus tard les Sémites quittent le plateau central et s'avancent en coin dans la vallée de l'Euphrate jusqu'à Babylone, au temps de la construction de la tour et de la séparation des peuples.

présentaient de grands avantages sous le rapport du climat, de la fertilité, etc.; toutes les recherches géognostiques en donnent la preuve. Une partie des Chamites qui les premiers des Noachides sont descendus du plateau de l'Asie centrale pour se répandre vers l'ouest, les Ibériens sont venus se fixer en Europe et ont occupé toute la partie centrale et méridionale de cette partie du monde qui présentait des avantages au point de vue du climat et du sol. Ils ont été disséminés, je dirai même clair-semés, et je crois que, séparés des peuples finnois du nord par la mer, ils n'ont eu aucun contact avec eux[1]. Les Alpes, les Pyrénées, les monts Carpathes, etc., sont restés complétement inhabités[2]. Ce premier moment de la grande migration repose certainement sur une hypothèse; on ne pourra vraisemblablement jamais en fixer l'époque précise.

Les Chamites se sont donc répandus les premiers dans les Indes, dans l'Iran[3], dans l'Asie

1. Pourtant le prince Lucien Bonaparte, qui a étudié la langue basque à fond, prétend avoir trouvé des affinités entre cette langue et celle des Finnois.

2. On retrouve cette racine *BR* à maints endroits; par exemple : Hibernia, Cumberland, Cambria, Britania, Celtiberia, Ebro, Ibericum Mare, Berber, Bretagne, Cimbre, Bregnez, Brenner, Umbria, Calabria, et même une Ibérie en Géorgie.

3. Les premiers entre les Noachides, bien entendu, car

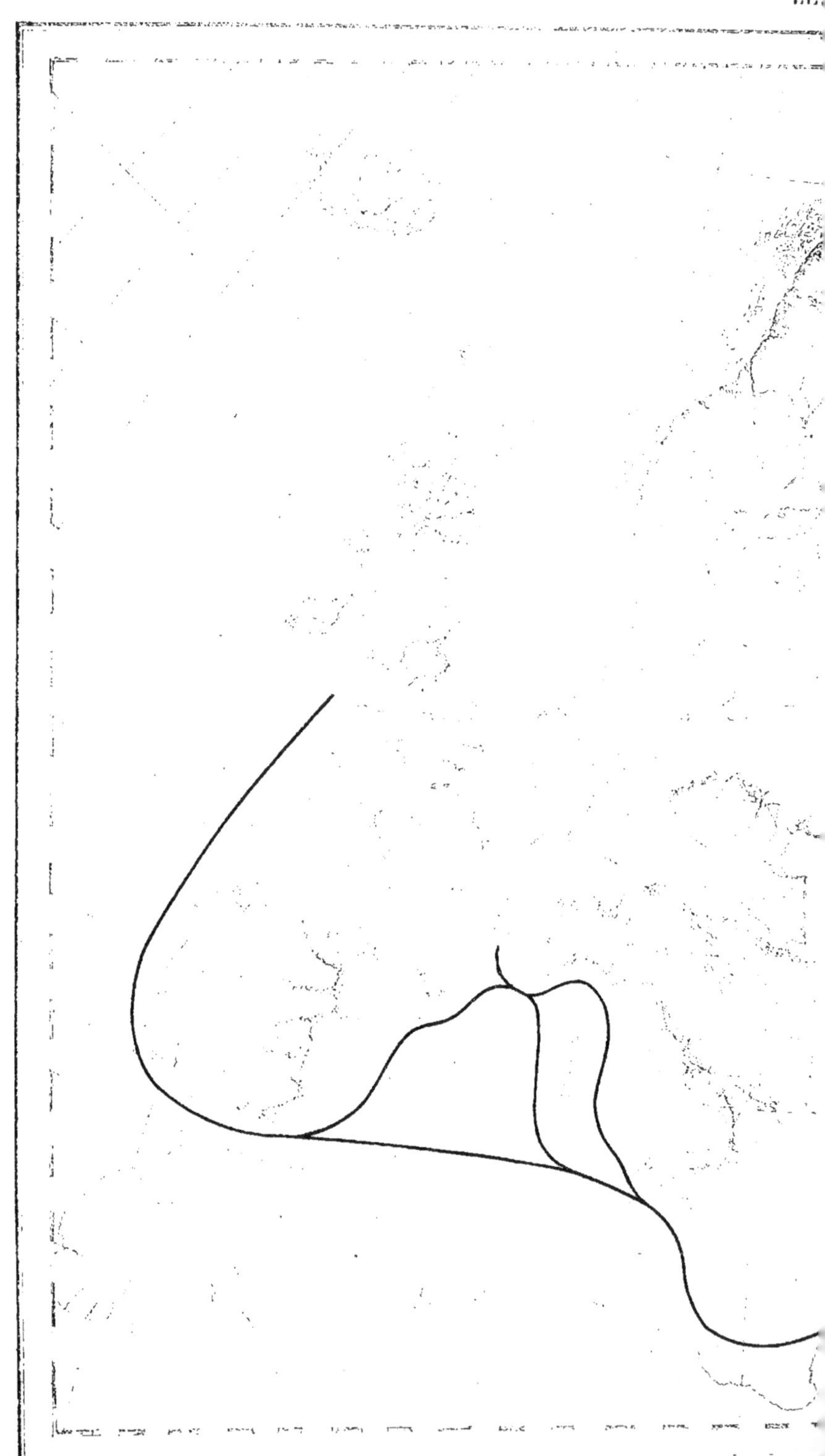
LE
Gravé chez Erhard
Dress

jlalvy
Imp Monrocq

Gravé chez Erhard
Dress

Imp. Monroeq

Mineure, dans l'Arabie, l'Égypte[1], l'Afrique[2], etc., et finalement en Europe[3].

Les Sémites ont dû suivre les Chamites de près et se sont souvent confondus avec eux[4]. Ils ont été beaucoup moins nombreux, beaucoup plus compactes, mieux disciplinés et plus civilisés, d'un caractère plus souple. C'était certainement le peuple le mieux doué dans les temps anciens. Après Abraham, ils ont occupé toute l'Arabie[5], plus tard l'Afrique et l'Espagne (les Maures), après Mahomet, la Sicile, la Corse, la Sardaigne et la France méridionale; l'époque de toutes ces migrations rentre dans l'histoire. La religion de ce peuple, le Coran, a été adoptée plus tard par les habitants du Touran, de l'Iran, des Indes, etc.; mais le peuple même n'a jamais envahi d'une manière définitive ces contrées.

une partie des Touraniens prirent un chemin vers le sud-ouest et envahirent la Médie avant les Noachides (voir première partie).

1. Benfey, *Ueber das Verhältniss der ägyptischen Sprache zum semitischen Sprachstamm.* Leipzig, Brockhaus, 1844.

2. M. Eichhoff pense que Put, troisième fils de Cham, était le père des Ibériens de l'Europe.

3. *Die Einwanderung der Iberer in die pyrenäische Halbinsel,* von Phillips. Wien, 1870.

4. Voir M. Lenormant. *Fragments de Bérose.*

5. L'abbé Bertrand pense que ce n'était que l'Arabie septentrionale.

Les Phéniciens, que M. de Hauslab assimile aux Chamites qui ont adopté une langue sémitique, ont fondé des colonies à Carthage, à Marseille, sur les côtes méridionales de l'Espagne et aux îles Sorlingues, sur les côtes de la Grande-Bretagne. Il est probable que leur langue est un mélange de la langue des Coptes et du sémitique. Schleicher prétend qu'il n'existe pas de langue mélangée; un peuple, dit-il, peut adopter beaucoup de mots d'une langue étrangère, mais il conserve sa grammaire originale, et alors celle-ci est le signe infaillible de son origine[1]. Toutefois il y a des peuples qui abandonnent complétement leur langue pour en prendre une autre, alors ils perdent tout ce qui leur a été propre, même leur grammaire.

Les Mordouans dans la Russie centrale sont un exemple à l'appui de la première observation ; leur langue contient beaucoup de mots slaves, pour ne pas dire plus de la moitié, mais leur grammaire est restée finnoise. Les Slaves, qui ont été jusqu'à l'embouchure de l'Elbe et qui parlent maintenant l'allemand; les Germains, qui sont entrés en Italie et qui parlent maintenant l'italien; les Bulgares de races touraniennes, qui sont devenus des Slaves

1. Voir le travail de M. Wiedemann sur la langue des Mordouans. Saint-Pétersbourg, 1865.

au sud du Danube, etc., sont une preuve irrécusable de la seconde observation de Schleicher.
Avant de suivre chacun des peuples dans sa migration depuis la station indiquée dans la Bible jusqu'au moment où ils se sont fixés définitivement en
Europe, il faut absolument que nous parlions d'une
loi philologique des plus curieuses découvertes par
M. de Hauslab.

Les voyelles jouaient dans les langues d'autrefois un rôle tout à fait secondaire; il y a des
voyelles que certains peuples ne possédaient même
pas; les consonnes, au contraire, étaient pour toutes
ces langues de la plus haute importance. Beaucoup
de preuves que M. de Hauslab avance à l'appui
de ses idées sur les migrations des peuples reposent
donc sur l'identité des charpentes de consonnes
trouvées dans certains mots de langues de la même
souche, identité qui revient si souvent qu'elle ne
peut pas être fortuite. Nous en donnons quelques
exemples :

Les habitants de l'ancienne Égypte s'appellent
eux-mêmes

K o P T e s.

Comparons ce mot à

e G y P T i e n s,

et au nom que se donnent les Albanais dans leur langue,

s K i P e T a r e s.

L's qui précède ce dernier mot n'étant qu'une préposition, la charpente des consonnes étant la même, nous en déduisons que Skipetares, Égyptiens et Coptes auraient la même origine [1].

Un autre exemple :

Les Basques s'appellent dans leur idiome

e u s C a L D u n a c,

mot qui s'identifie avec le mot

C e L T e s.

Cette charpente de consonnes se retrouve encore souvent dans bien des mots [2]. Cette supposition pourra sembler hardie, mais nous la croyons parfaitement fondée; car les nombreuses recherches

1. En Géorgie nous rencontrons, sans aucun doute, des descendants d'Hindous, des Ibériens venus de l'Inde et qui sont restés longtemps en relation avec leurs frères de cette contrée. Encore une preuve que les Ibériens ont les premiers quitté le plateau central de l'Asie. On trouve encore des Hindous à Baku, au bord de la mer Caspienne.

2. Nous retrouvons les consonnes *G L* et *C L T* dans les mots : Caledonia, Galloway, Gallway, Gallicia, Euscaldunac, Celtiberia, Gallia, Gallia Cisalpina, Galicie, Galatia, Galilea, Chaldea, Curdes, Carduchi, etc.

V

MIGRATION DES ÂRYENS d'après Mr de HAUSLAB

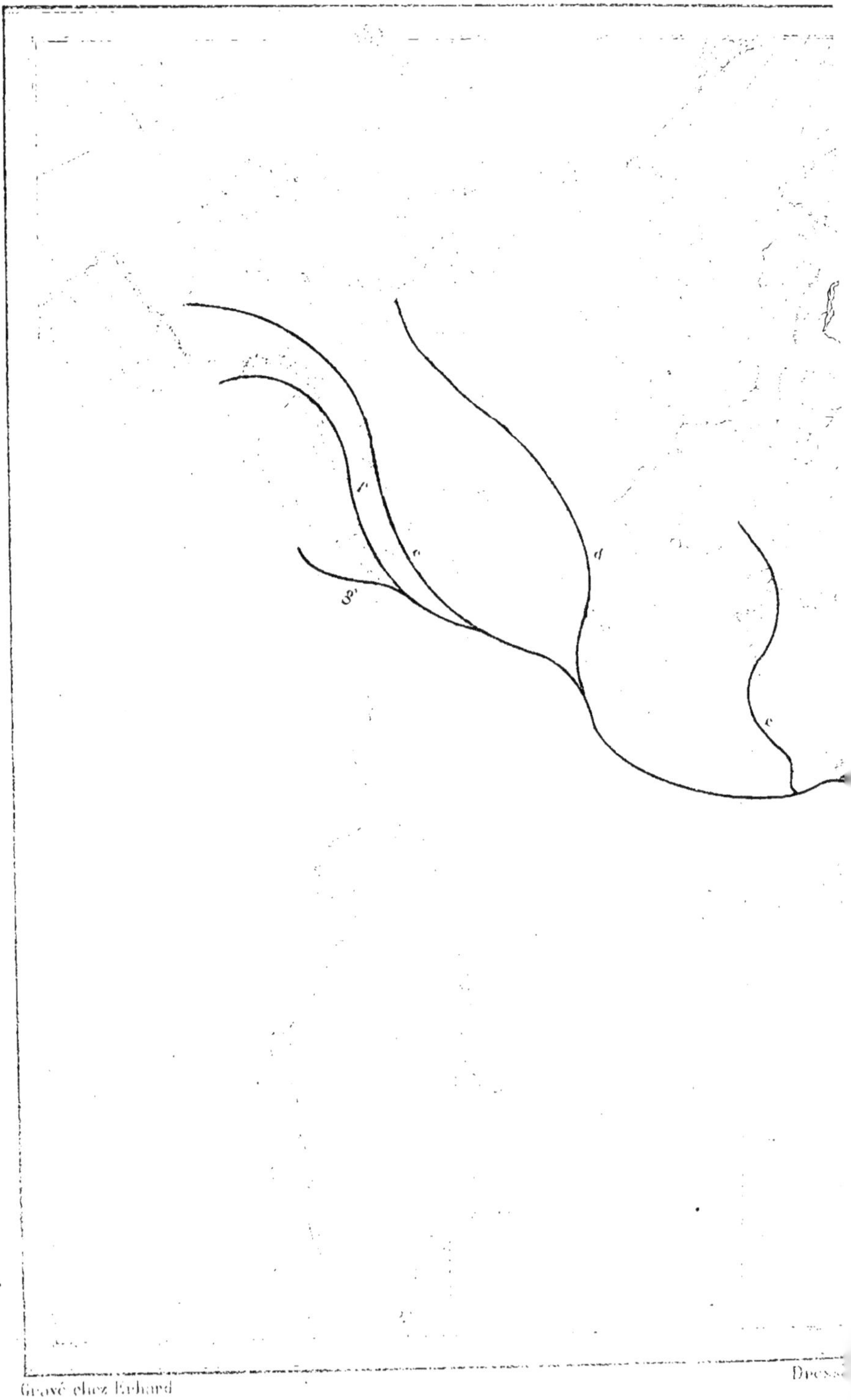

Dress

Gravé chez Erhard

a Point de Départ   c Slaves
b Hindous   d Germai

D'APRÈS Mr DE HAUSLAB
Imp. Monrocq

TABLEAU DES LANGUES d'après SCHLEICHER.

faites à ce sujet par M. de Hauslab nous en ont démontré l'exactitude jusqu'à l'évidence.

Toute la race âryenne quittait donc ensemble l'Himalaya. De bonne heure une branche se détache pour descendre dans les plaines de l'Hindoustan, où l'on parle aujourd'hui la langue sanscrite, sœur aînée de toutes les langues de la même souche[1].

Les autres continuent (Zend)[2]; cependant, non loin de Hérat, les Slaves se séparent de leurs frères pour occuper les contrées autour du lac Aral, où la Bible les trouve et les désigne plus tard sous le nom de Magog.

Arrivés au lac d'Urmia, les Germains se détachent à leur tour pour aller vers le nord; ils franchissent le Caucase où ils ont laissé les Ossètes, et s'installent au nord de cette chaîne de montagnes, sur les bords de la mer Noire jusqu'aux monts Carpathes, où la Bible les désigne comme Askénas.

Il ne faut pas oublier que ce flot de peuple marchait sur une couche chamitique et sémitique, chassant devant lui les Chamites, plus nombreux

1. James Burnet (lord Monboddo), *Of the origine and progress of language*. Edinburg, J. Balfour, 1774.

2. R. Rask, *Ueber das Alter und die Echtheit der Zend-Sprache u. des Zend-Avesta, deutsche Uebersetzung.* Berlin, Dunker et Humblot, 1826.

et plus résolus que les Sémites; c'est peut-être à cette époque que les Ibériens ont envahi l'Europe[1]. Il est également plus que probable que les Slaves se sont rencontrés à une époque antérieure avec les peuples de la race touranienne altaïque et leur ont imprimé leur mouvement, les forçant de se retirer en partie vers l'Europe[2].

Enfin au centre de l'Asie Mineure, non loin des sources du Kyzil, les Celtes se séparent, se dirigent vers le nord-ouest, traversent le Bosphore, près de Constantinople, et se fixent près des monts Carpathes, où la Bible en fait mention sous le nom de Riphat. Les autres enfin se fixent momentanément, comme Thiras (race latine), dans l'Asie Mineure même, ou envahissent en partie, comme Javan (Hellènes), les contrées qu'ils ne devaient jamais plus quitter.

La marche exacte de ces peuples jusqu'à leur arrivée à la station intermédiaire de la Bible est difficile à préciser. Il est plus facile de les suivre, pour la plupart au moins, à partir du moment où

1. F. W. S. Hoffmann, *Die Iberer im Westen und Osten.* Leipzig, E. Kollmann, 1838.

2. Leur première rencontre historique a eu lieu 1082 après Jésus-Christ. Voir à cet effet l'ouvrage de M. J. Sjögrén, *Ueber die älteren Wohnsitze der Jemen,* etc. (*Mémoires de l'Académie impériale de Saint-Pétersbourg,* 2ᵉ série, etc., tome I, 3ᵉ et 4ᵉ livraisons.)

ils ont quitté de nouveau cette station pour envahir définitivement l'Europe.

Nous allons essayer de tracer le tableau de cette dernière migration :

1° D'abord les Celtes [1] (Riphat), une subdivision des Gomers (Cimbres), se mettent en mouvement. Nous pouvons observer deux courants principaux, l'un se détache tout près de Constantinople, remonte jusqu'aux embouchures du Danube, fait le tour des Carpathes et revient près des sources de l'Oder, dans l'Europe centrale; l'autre courant, vraisemblablement le plus important, suit le cours du Danube en amont et envahit l'Europe centrale et occidentale, chassant les Ibériens devant lui. Il les refoule vers l'Italie, vers

1. L. Contzen, *Die Wanderung der Celten*. Leipzig, Engelmann, 1861.

Chr. Brandes, *Das ethnographische Verhaltniss der Celten u. Germanen*. Leipzig, Voigt u. Günther, 1857.

Roget de Belloguet, *Ethnogénie gauloise*. Paris, Duprat, 1861.

J.-B. Brosi, *Die Celten u. Althelvetier*. Solothurn, Scherer, 1851.

James Cowles Prichard et R. G. Latham, *The Eastern. Origine of the Celtic nations*. London, Houlston et Wright, 1857.

Monatsbericht der Königl. preuss. Academie der Wissenschaften, 1864. *Ueber Iberische und Keltische Namen*, mit einer Karte, von Kiepert.

Die Wohnsitze der Kelten auf der pyrenäischen Halbinsel, von Phillips. Wien, 1872.

l'ouest de la France, vers l'Espagne, vers l'Angleterre, vers le Danemark, et partout où les Ibériens
et les Celtes se touchent, vers les extrémités du continent, ils finissent par se confondre; les noms
en sont la preuve : Celt-Ibériens, Umbriens, Cimbres, etc. Les Ibériens sont donc refoulés vers les
montagnes, vers les côtes de la mer, ou finissent
par absorber leurs agresseurs comme en Espagne[1].

Nous pensons que dans l'Écosse, en Irlande
et dans le pays des Basques, l'élément ibérien
prédomine encore aujourd'hui, tandis que dans
le pays de Galles et en Bretagne, c'est l'élément
celtique qui entre pour la plus large part[2]. En
Espagne et en Irlande il pourrait y avoir des traces
d'une influence plus ou moins directe des Phéniciens[3]. Il serait donc du plus haut intérêt de com-
parer la langue basque à l'irlandais, aux langues

1. Voir à ce sujet l'ouvrage de M. de Humboldt, *Prüfung
der Untersuchungen über die Urbewohner Hispaniens vermittelst der vaskischen Sprache*. Berlin, 1821. F. Dümmler.

Voir aussi les ouvrages espagnols de D. Pablo-Pedro de
Astarloa et de Juan-Bautista de Erro y Aspiroz.

2. Forbes Leslie, *The Early Races of Scotland and
their monuments*. Edinburgh, Edmonston and Douglas, 1866.

3. Henry O'Brien, *Phoenician Ireland*. London, Longmann
et Comp., 1833.

O'Connor, *Cronicle of Erin*. London, R. Philipps et Comp.,
1822.

berberes, à l'albanais, au copte, etc. Les Basques
sont certainement des Ibériens qui ont adopté une
grande quantité de mots celtiques. Peut-être trou-
verait-on dans les Alpes également des vestiges
d'Ibériens, ce qui nous paraît peu probable, mais
certainement on y trouvera des restes de Celtes.
Des recherches analogues seraient à faire dans les
Pyrénées, dans l'Auvergne, etc.

Il y a donc eu un moment où l'Europe centrale
a été celtique.

2° Il est bien plus facile de préciser les migrations des races latines (Thiras et Javan). La Bible
trouve les Latins en Asie Mineure et en Thrace, où
ils se sont amalgamés avec les Javans (Hellènes).
Tous les grammairiens ont prouvé jusqu'ici l'identité d'origine de ces deux langues. Nous pouvons
donc suivre les différentes stations de la migration
de cette race. A une seconde époque on les rencontre dans toute la presqu'île du Balkan et dans
l'Italie méridionale. A une troisième, ils s'étendent
jusqu'aux monts Carpathes, jusqu'aux Alpes de la
Carinthie et jusqu'aux îles de l'Italie. A une quatrième époque, ils occupent le midi de la France,
de l'Espagne et la colonie grecque de la Cyrénaïque ; à une cinquième enfin, l'empire romain
entoure la mer Méditerranée, s'étend même en

Angleterre. Ils ne sont jamais arrivés en Écosse, en Irlande et chez les Basques [1].

Les Pélasges ont donc occupé à un moment de leur migration la Moldo-Valachie, le long du Danube jusqu'aux Alpes et toute l'Italie. Les Hellènes furent une de leurs subdivisions, et plus tard les Romains, qui ont trouvé en Italie, comme on le sait aujourd'hui, des peuples parlant une langue analogue à la leur, en furent une autre [2]. Nous pensons que les Roumains ne sont pas une colonie romaine, mais des restes de Pélasges fixés dans les Carpathes [3].

Une colonie se serait à la longue certainement confondue avec les habitants du pays; c'était bien là au contraire une branche de peuple possédant toute la vitalité de la race mère.

Les Celtes ont été refoulés vers l'ouest par les

1. B. Biondelli, *Atlante linguistico d'Europa.* Milano, 1841.

Adrien Balbi, *Atlas ethnographique du globe, ou Classification des peuples anciens et modernes d'après leurs langues.* Paris, chez Rey et Gravier, 1826.

2. *Zur Geschichte der Pelasger und Etrusker.* Berlin, G. Reimer, 1831.

Die Entzifferung des Etruskischen, von Maak, Hamburg, 1873.

3. August Fuchs, *Die romanischen Sprachen in ihrem Verhältnisse zum Lateinischen.* Halle, H. W. Schmidt, 1849.

Pélasges. La colonisation par les Hellènes des côtes de la Méditerranée, où nous rencontrons plus tard les Tyrrhéniens, joue un grand rôle dans la philologie. Il n'est plus douteux aujourd'hui que les Hellènes reçurent une civilisation chamétique et sémitique, qui leur a été transmise par les Égyptiens et les Phéniciens. La découverte de l'écriture cunéiforme et celle des hiéroglyphes démontre combien cette civilisation sémitique et chamétique a dû être grande [1].

3° Il est excessivement difficile, sinon impossible, de préciser la marche des Gomers, Cimmériens. D'après les auteurs romains il est certain qu'ils sont allés jusqu'en Espagne, en Bretagne [2], en Irlande, en Écosse, en Italie [3], etc. Ils ont certainement précédé les Pélasges dans tous ces pays ; aussi doit-on retrouver leurs traces sur tout ce parcours, excepté sur les plateaux peut-être.

On retrouve dans les auteurs latins des preuves que les Cimmériens se sont heurtés aux Ibériens.

1. Voir l'ouvrage de M. Georg Ebers, précédemment indiqué.

2. Les paysans bretons s'appellent encore aujourd'hui Kimris.

3. Jos. Bergmann, *Historische Untersuchungen über die heutigen sogenannten Cimbern in den Sette-Comuni und über Namen, Lage u. Bevœlkerung der XIII. Comuni im Veronesischen.* Wien, Carl Gerold, 1848.

Ils mentionnent en Danemark les Cimbres et en Italie les Umbriens, etc. Les Cimmériens d'Hérodote sont devenus plus tard les Cimbres de Tacite. Les premiers, dit M. de Hauslab, sont des Gomérites purs, tandis que les seconds sont fortement mélangés d'Ibériens, tels que les Umbriens, etc., (Um-Ibériens). Les Gomérites sont les pères des Celtes et des Germains; mais nous les considérons comme étant beaucoup plus proches parents des Germains (Askénas), avec lesquels ils ont dû habiter beaucoup plus longtemps qu'avec les Celtes, qui les premiers des Japhétides se sont mis en route vers l'Europe [1].

4° Les Germains (Askénas, voir carte n° XXIV). Il est également impossible de fixer l'époque à laquelle ce peuple a quitté la station intermédiaire de la Bible pour s'ébranler vers l'ouest; il est probable qu'il a dû céder à une pression exercée sur lui par les Slaves. Sa première station, révélée par la Bible, se trouvait autour du mont Caucase, au nord de la mer Noire; dans ce pays, il portait le nom de Goths; c'est sous le même nom qu'un premier rameau s'étend jusqu'en Suède (Gothelande) [2].

1. F. Bretonne, *Civilisation primitive, ou Essai de restitution de la période antéhistorique*. Paris, Charles Warée, 1845.

2. R. G. Latham, *Descriptive ethnology*. London, John van Voorst, 1859.

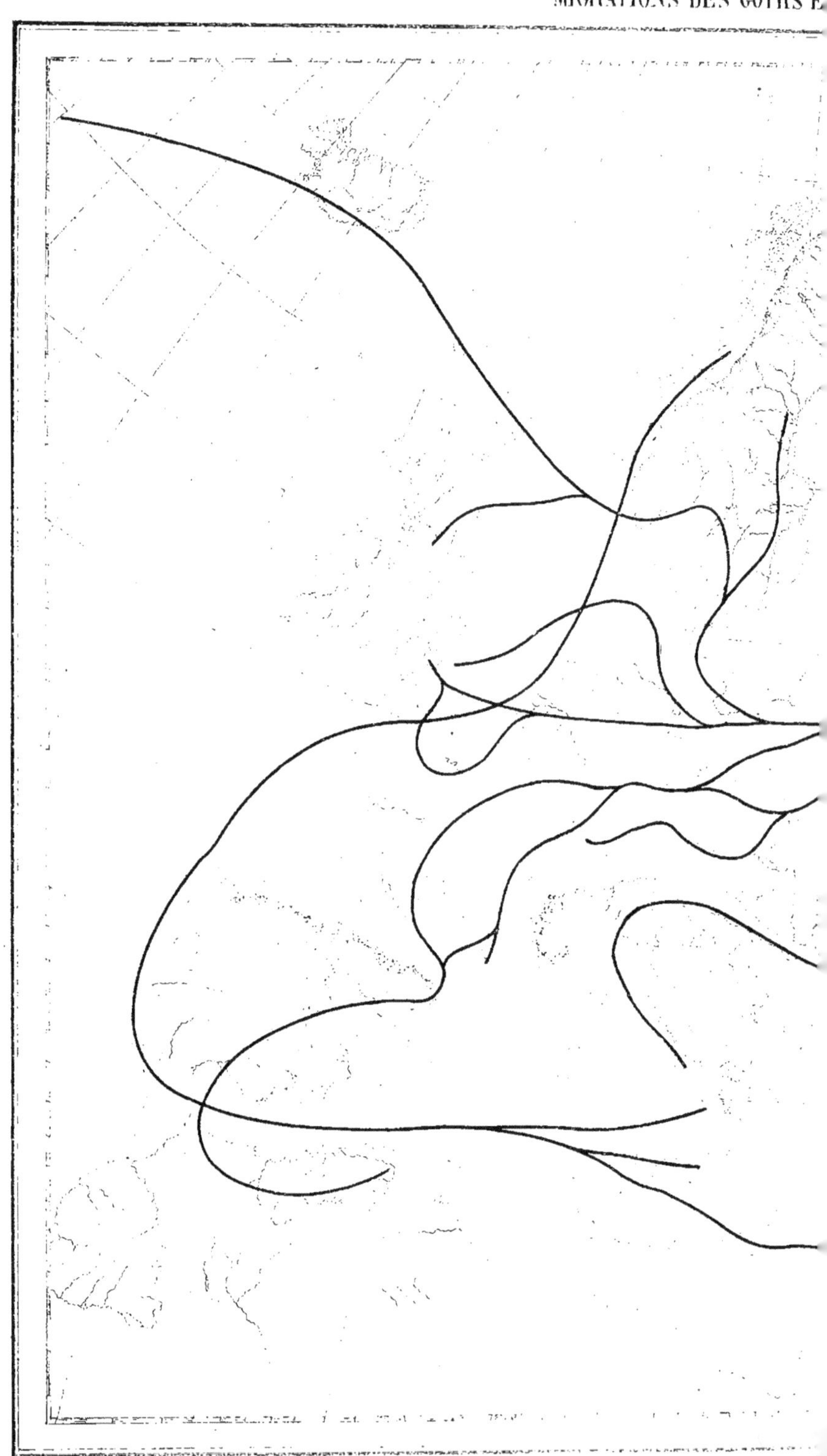
Grand

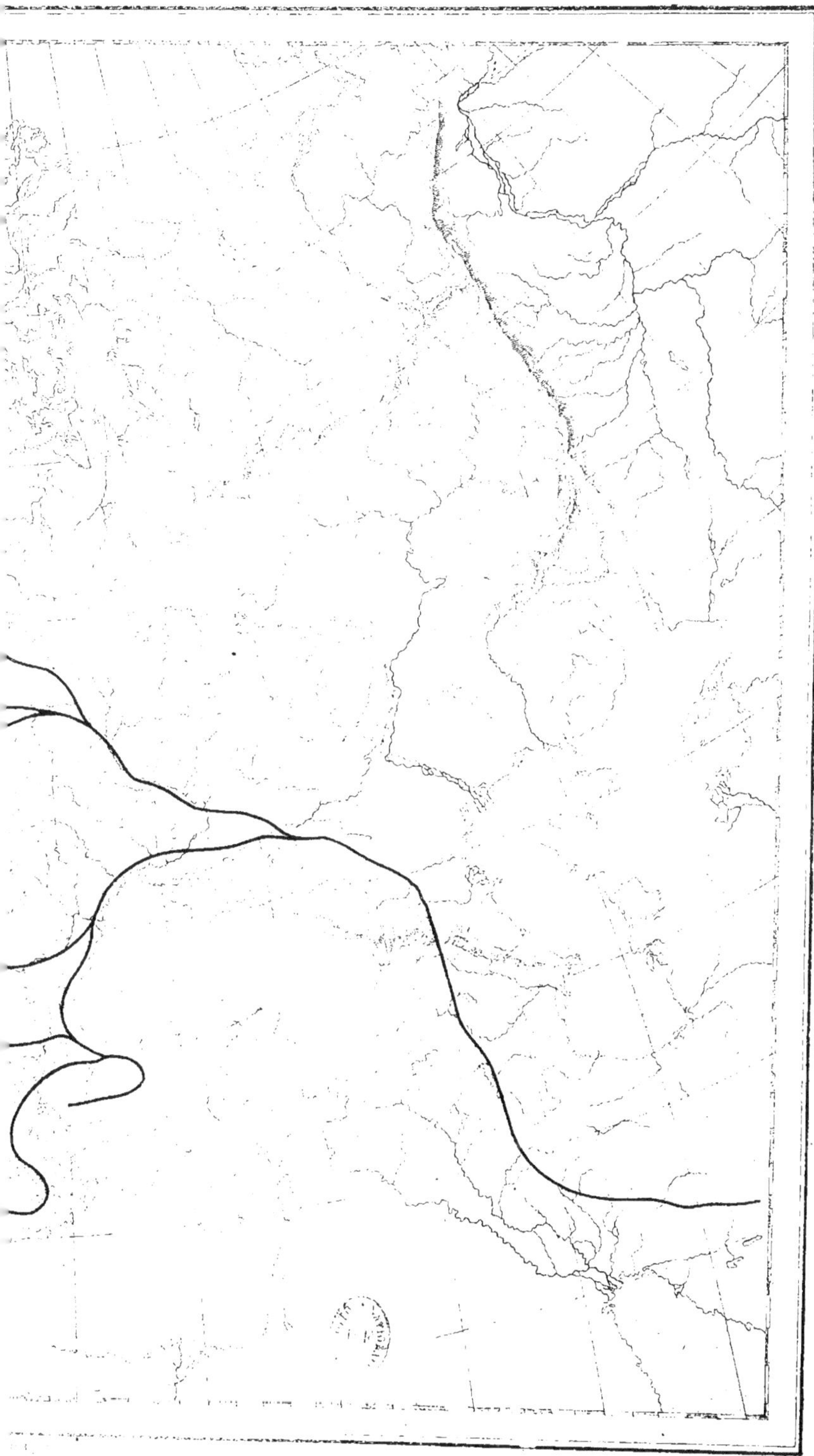
Imp. Monrocq

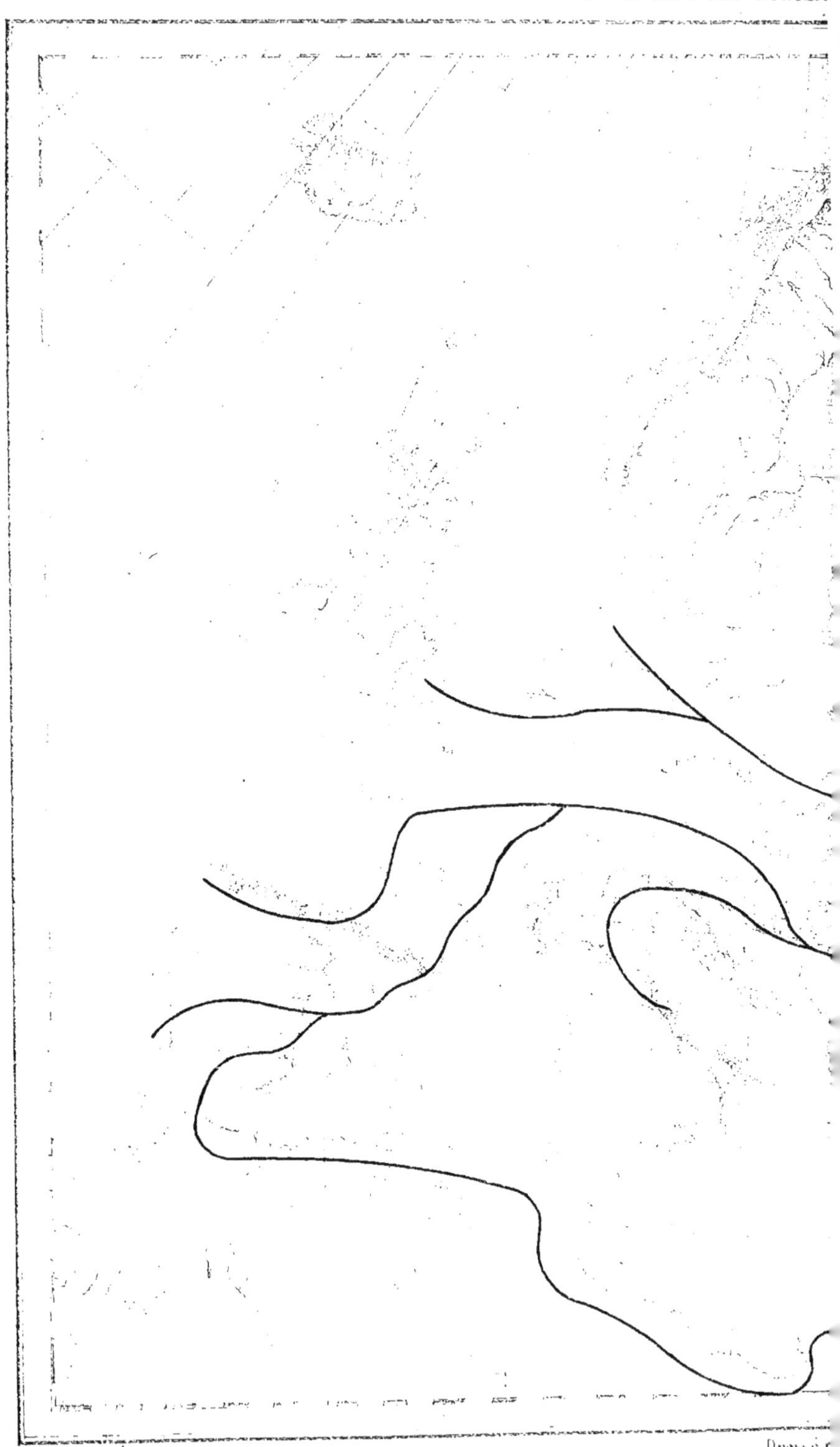

Gravé chez Échard

Dressé

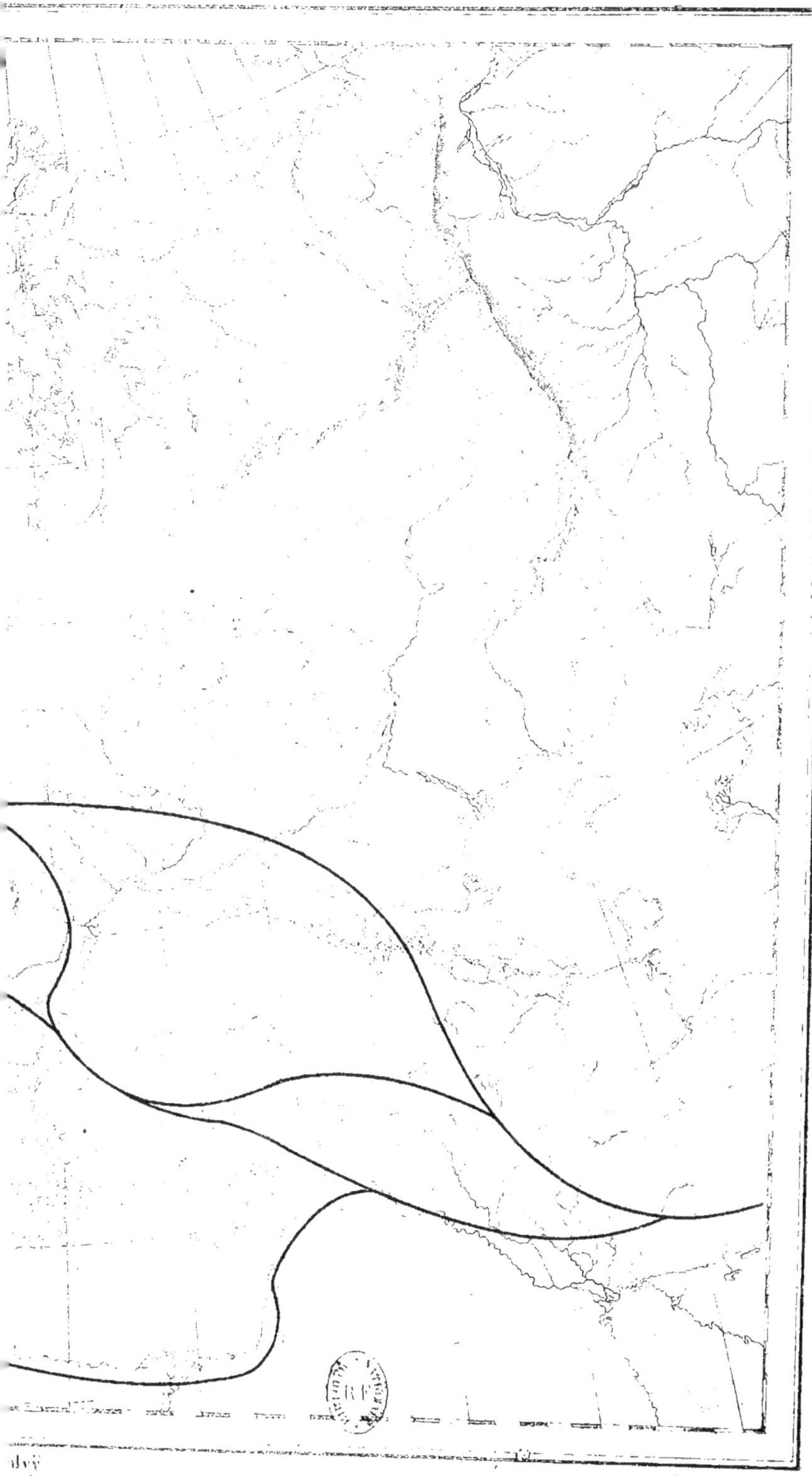

D'APRÈS M^r DE HAUSLAB.
Imp. Mouroeq

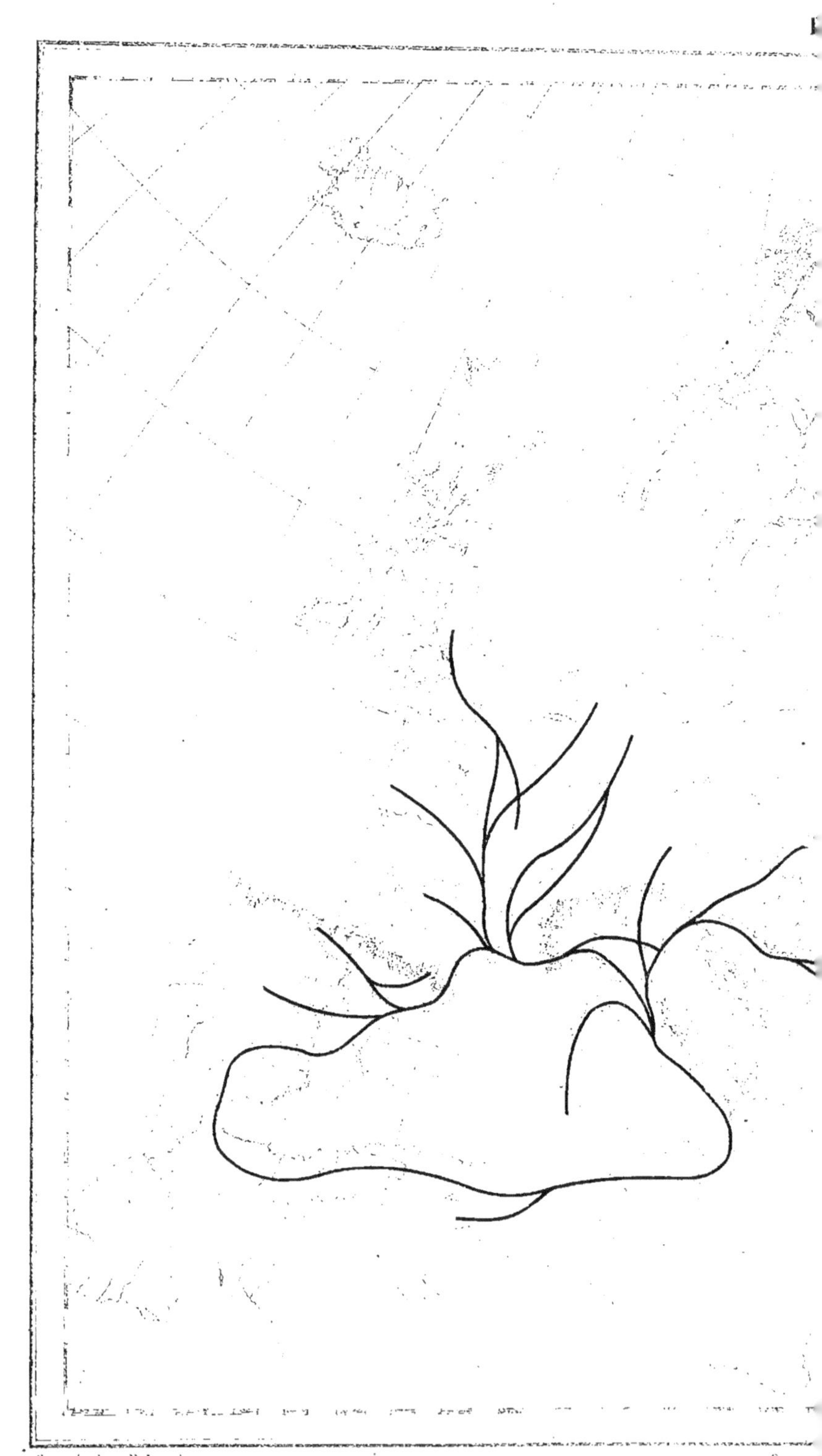

Gravé chez Erhard
Dress

NS.
Imp. Monrocq

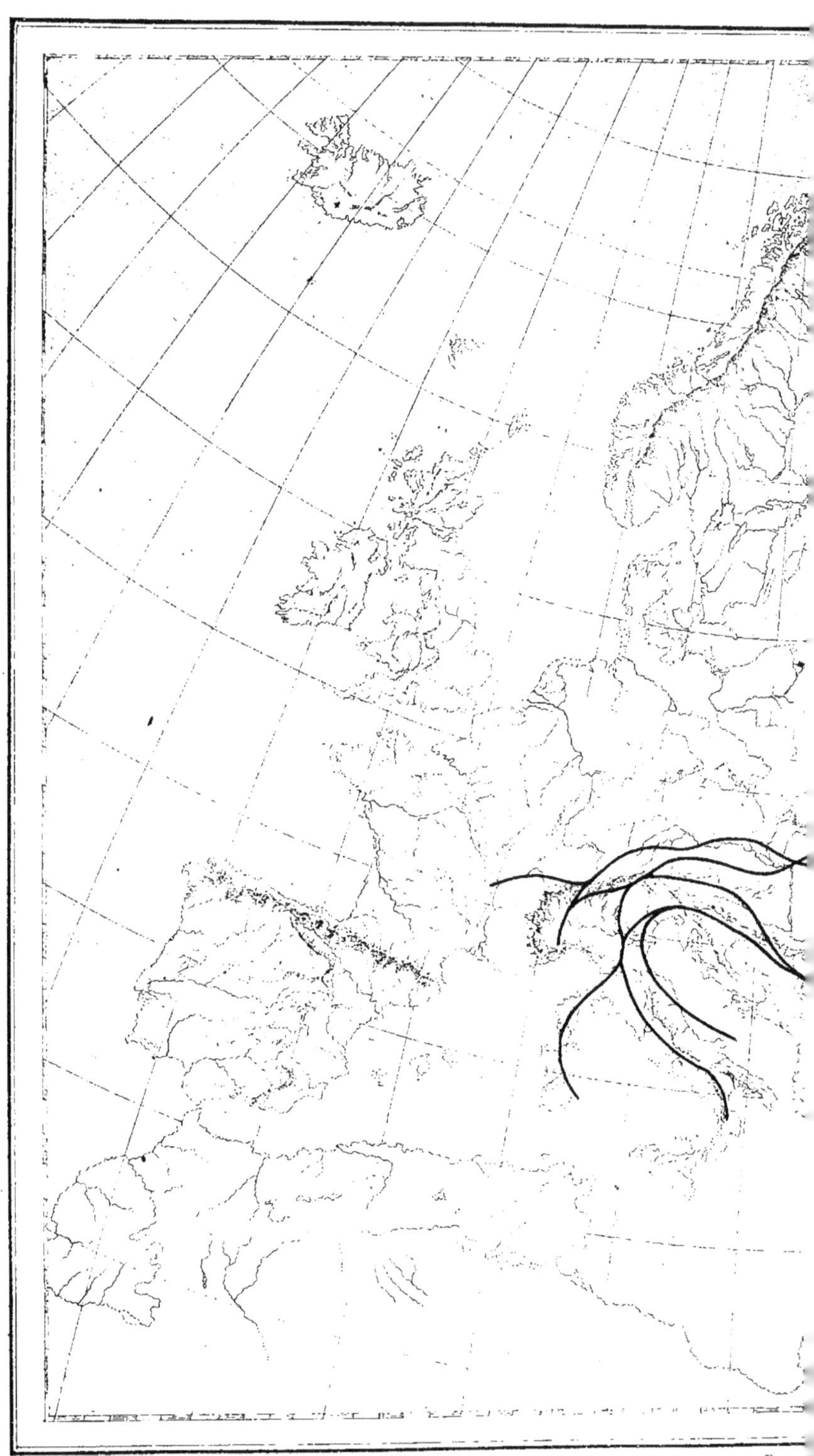

Gravé chez Erhard
Dress

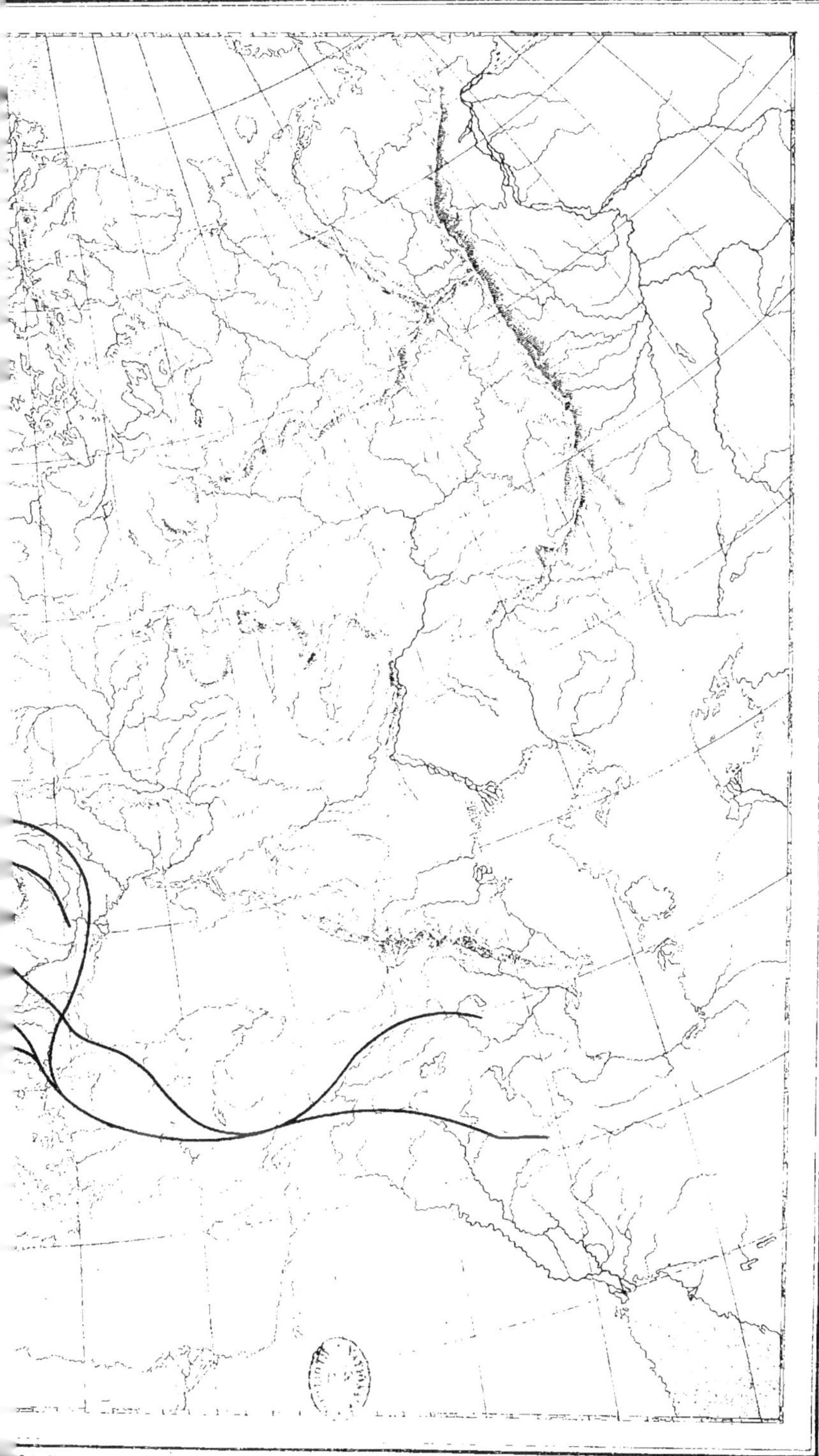

'APRÈS M. DE HAUSLAB.
Calvy
Imp. Monrocq

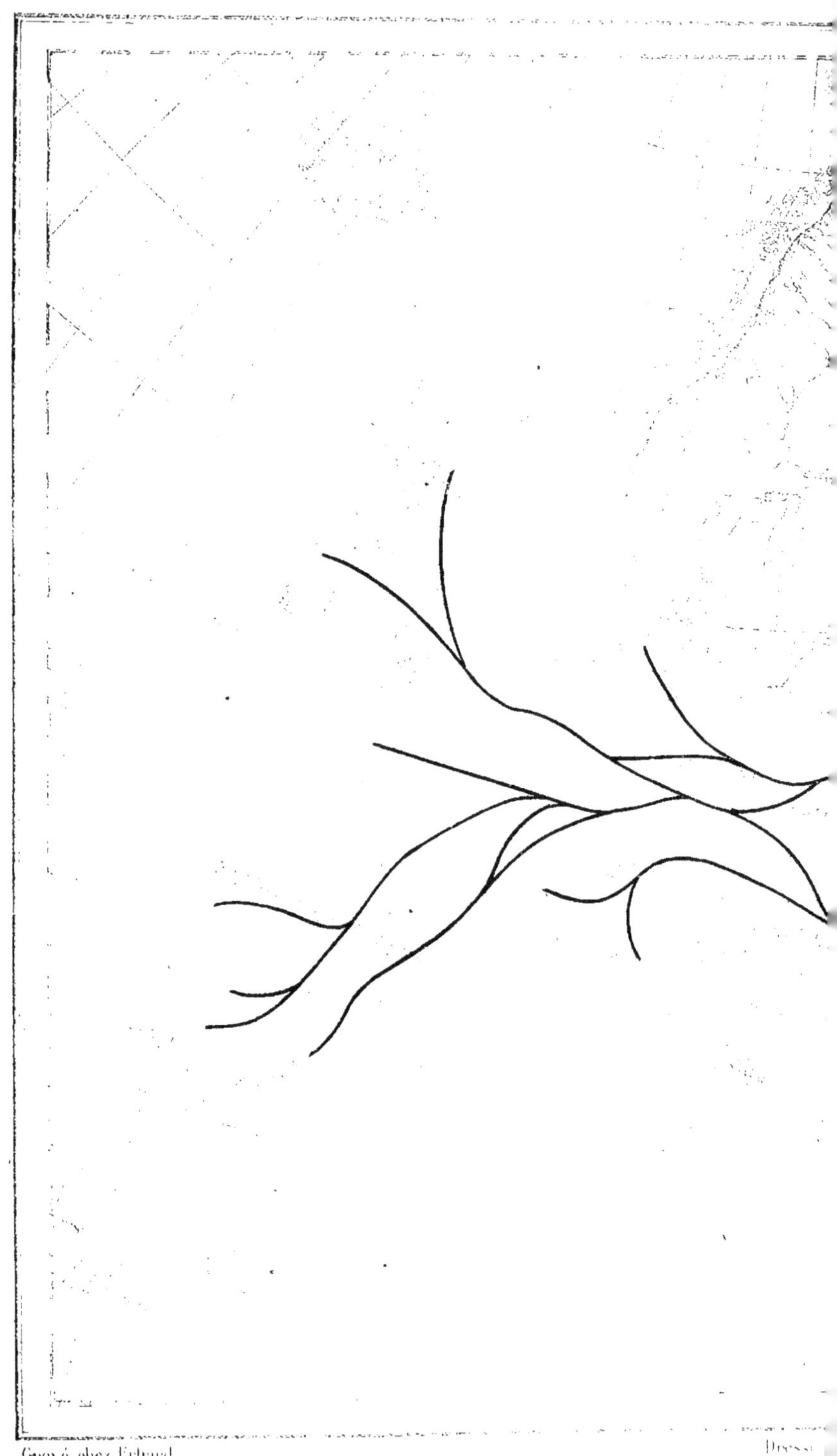

Gravé chez Erhard

D'APRÈS Mʳ DE HAUSLAB.
Imp. Monrocq

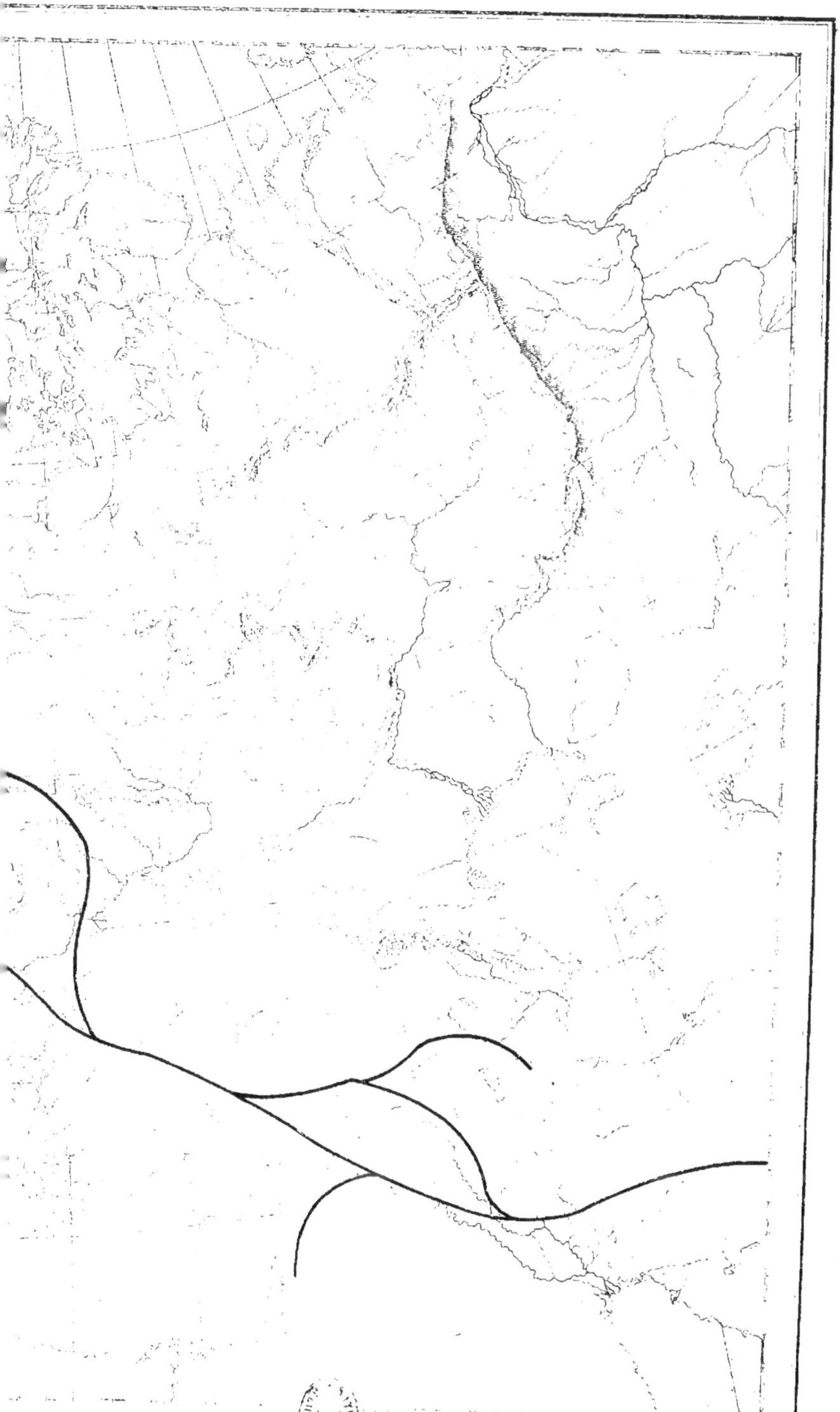

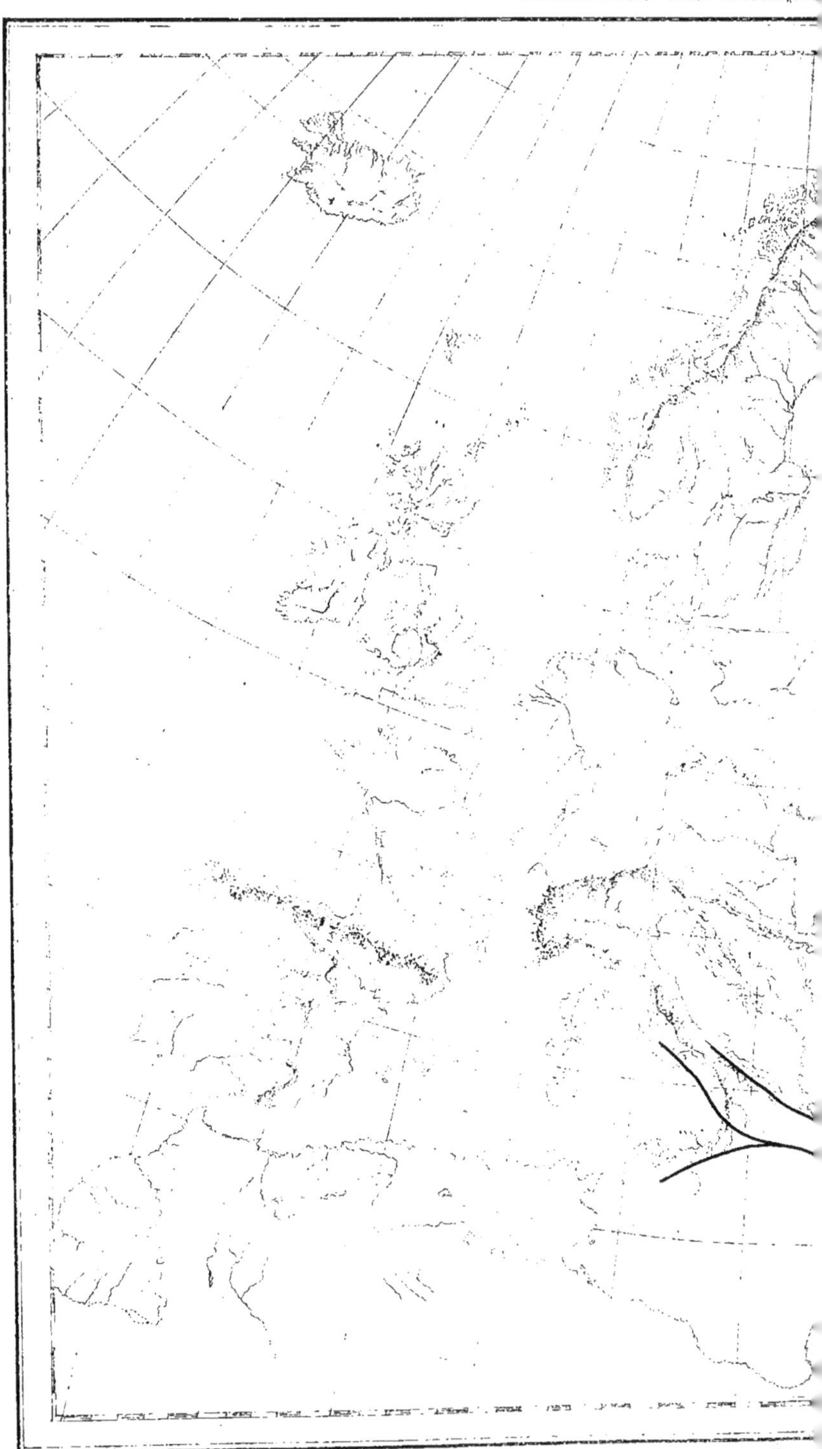
Gravé chez Erhard
Dress...

S) D'APRÈS Mr DE HAUSLAB.
Salvy
Imp. Monrocq

A une seconde époque, les Germains se sont avancés jusqu'au nord des monts Carpathes, jusqu'en Moravie, au Danube, au Rhin, à la mer du Nord et à la mer Baltique. Les Askénas restés en Asie, les Persans, s'étendent vers le nord-est jusqu'au Touran et à Chiwa[1].

A une quatrième époque les Francs, les Longobards, les Normands et les Goths se mettent en mouvement et finissent par occuper à une cinquième époque la France, l'Italie, l'Espagne, l'Afrique du Nord, la Sicile, Naples, et jusqu'à l'Islande[2].

Les Goths accomplissent pendant leur marche dans l'Europe centrale une véritable migration ; car partout où ils passent ils laissent des traces manifestes, tandis que leur apparition en France et en Espagne n'est autre chose que la marche d'une armée[3].

H. Chavée, *les Langues et les Races.* Paris, Chamerot, 1862.

1. Finn. Magnusen, *Udsigt over den Kaukasike Menneskestammes oldste sjemsted og Udvandringer.* Kjœbenhavn, Gyldendalsk, 1848.

Ribeyre de Villemont, *Ethnologie de l'Europe. Origine, migrations et établissements des différentes races qui ont peuplé l'Europe.* Paris, E. Dentu, 1856.

2. On retrouve dans beaucoup de mots persans les racines *Ger, Ker,* par exemple, Kerman-shah, etc.

3. Les Normands ayant séjourné assez longtemps dans la plus grande partie de ces pays, leur trace doit s'y retrouver.

Poursuivons dans ces détails la marche des Germains. Dans les temps les plus reculés ils refoulent les Celtes vers la Gaule; il y a donc eu une époque où le nord de l'Allemagne actuelle était occupé par les Germains et le midi par les Celtes, ainsi que la France. Un courant passe en Angleterre et force les habitants à se retirer dans les montagnes ou vers l'extrémité des presqu'îles. Déjà bien avant, un courant du peuple germanique s'était détaché au nord de la mer d'Azow; il avait traversé la Russie, la Finlande, et occupé, en se servant des rangées d'îles pour franchir la mer, la Suède et le Danemark [1]. (Jamais une migration ne traverse une mer, elle cherche toujours à se servir des îles comme de ponts pour arriver d'un pays à un autre.)

Les Normands ne se sont détachés du courant général que dans l'Allemagne du Nord et de là ils ont, en traversant le Danemark, occupé la Norvége, ce qui fait que la langue suédoise diffère tant du norvégien. Tous ces courants ont dû rencontrer sur leur chemin des Finnois qu'ils ont refoulés de plus en plus vers le nord.

1. J. W. Freiherr v. W. J. *Abhandlung über die ältere skandinavische Geschichte von den Cimbern und den skandinavischen Gothen.* Kopenhagen, Nic. Moller, 1781.

C'est plus tard seulement que les Visigoths envahissent la France, l'Espagne et même l'Afrique; mais dans ces pays, comme nous l'avons indiqué ci-dessus, ils ne laissent derrière eux aucune trace de leur langue[1].

Les Normands, peuple essentiellement mobile, sont allés jusqu'en Islande et Groënland[2].

En suivant avec attention les migrations des Germains, on pourra faire des observations du plus haut intérêt sur les graves conséquences que les chocs des peuples et leurs fusions finales exercent sur leurs langues. En général, le peuple le plus cultivé impose sa langue à celui qui l'est moins. Les Celtes de la Gaule acceptant la langue des Romains et les Francs acceptant celle des Gallo-Romains en sont une preuve éclatante.

C'est aussi un peu une question de caractère propre à chaque peuple; il y a des peuples dont l'originalité est plus tenace et d'autres qui sont plus disposés à subir les influences étrangères[3].

5° Les Slaves (Magog) voir carte n° XXX)

1. Wilh. Stricker, *Die Deutschen in Spanien und Portugal.* Leipzig, Gust. Mayer, 1850.

2. *Vagabondenthum und Wanderleben in Norwegen,* ein Beitrag zur Cultur und Sittengeschichte v. Ant. Etzel. Berlin, Carl. Heymann, 1870.

3. Voir C.-F. Riecke, *Die Urbewohner und Alterthümer*

sont entrés en Europe au nord de la mer Caspienne : au premier degré de leur migration, ils occupent les bords septentrionaux de la mer Noire; au second, ils s'avancent jusqu'à la mer Baltique, jusqu'en Bohême et jusqu'aux Carpathes; au troisième degré de leur migration, degré où ils ont pris le plus d'extension, leurs avant-coureurs se trouvent à Kiel, à l'embouchure de l'Elbe, en Carinthie, à Trieste et même à Venise[1].

Refoulés, ils s'étendent plus vers le sud-est, ils envahissent la presqu'île du Balkan, où ils entourent la Transylvanie, et coupent les Roumains des autres Pélasges (probablement sous les derniers empereurs romains)[2].

Au nord ils se frayent un chemin vers la mer Blanche en écartant les Finnois. C'est ainsi que la Finlande est aujourd'hui occupée par les Suomis et le nord-est de la Russie par les Samoïèdes, peuples de la même souche. Il est également connu aujour-

Deutschlands, nebst Karte, etc. Nordhausen, 1868, chez Büchling.

Die Verwandtschaftsverhältnisse der indo-germanischen Sprachen, von Johannes Schmidt, Weimar, 1782.

1. *Slaven, Russen, Germanen.* Leipzig, W. Engelmann, 1843.

Pawel Josef Saffařik. Slowansky Narodopis, W. Praze, Nakladem. Wydawatele, 1842.

2. Dr E. Dümmler, *Ueber die älteste Geschichte der Slaven in Dalmatien* (549-928), Wien, Staatsdruckerei, 1856.

Gravé chez Erhard

Dressé

alvy
Imp. Monrocq

d'hui que le petit peuple cruel et entreprenant des Vandales était de race slave.

Les Scythes de l'antiquité étaient également des Slaves [1].

Les Slaves ont donc été jusqu'à Hambourg et jusqu'à Venise, et ce n'est que plus tard qu'ils ont envahi la Bohême, la Hongrie, la presqu'île du Balkan. Le dernier mouvement de leur migration a été certainement leur marche vers la mer Blanche.

Il est donc intéressant de faire à ce sujet une étude sur les différentes couches de populations qui se sont entassées ou superposées sur le bord de la mer Baltique, en Bohême, en Hongrie et en Turquie [2].

A l'occasion de la discussion qui s'est élevée entre MM. de Quatrefages et Virchow quant aux populations qui se trouvent sur les bords de la mer du Nord, nous sommes d'avis que le savant français va trop loin quand il appelle les Prus-

1. Prouvé dans l'ouvrage connu de M. Eichhoff. Voir aussi Joh. Gust. Cuno, *Forschungen im Gebiete der Völkerkunde. Erster Theil. Scythen.* Berlin, 1871, chez Borntragers et Ed. Eggers.

2. M. A. Visquenel, *Coup d'œil sur quelques points de l'histoire générale des peuples slaves et de leurs voisins les Turcs et les Finnois.* Lyon, Pinier, 1865.

siens des Finno-Slaves, et qu'il compte les Finnois parmi les autochthones de la France; mais M. Virchow déplace la question; car dans le cours fait à ce sujet, il traite à fond et combat victorieusement la seconde hypothèse de son interlocuteur, mais il ne fait qu'effleurer la première. On peut facilement constater les différentes couches de peuples qui ne sont entassées sur les côtes de la mer Baltique. Chez les Esthoniens, chez les Lestons et chez les Prussiens de l'est, la première couche a donc été finnoise, la seconde germanique et la troisième slave; seulement nous pensons qu'à l'heure qu'il est il y a :

80 pour 100 de Finnois chez les Esthoniens,

80 pour 100 de Slaves chez les Lestons [1],

80 pour 100 de Germains chez les Prussiens de l'est [2].

En Bohême, les Germains sont venus avant les Slaves; la preuve irrécusable en est que les Allemands habitent aujourd'hui les montagnes de ce pays, et les Slaves la plaine.

C'est comme en Hongrie, où, sans les indications

1. *Die Ergebnisse der Sprachwissenschaft in populärer Darstellung,* von A. Braun. Cassel, Verlag v. J.J. Scheel, 1872.

2. Leonh. Thurneusser, *Mixtura linguarum.* Berlin, N. Voltzius, 1583.

fournies par l'histoire, nous pouvons tout d'abord
indiquer les Slaves comme venus les premiers et
les Magyars comme arrivés après eux, car la même
chose a lieu pour leur séjour actuel.

(Pour l'intelligence des Migrations, voir les cartes.)

FIN.

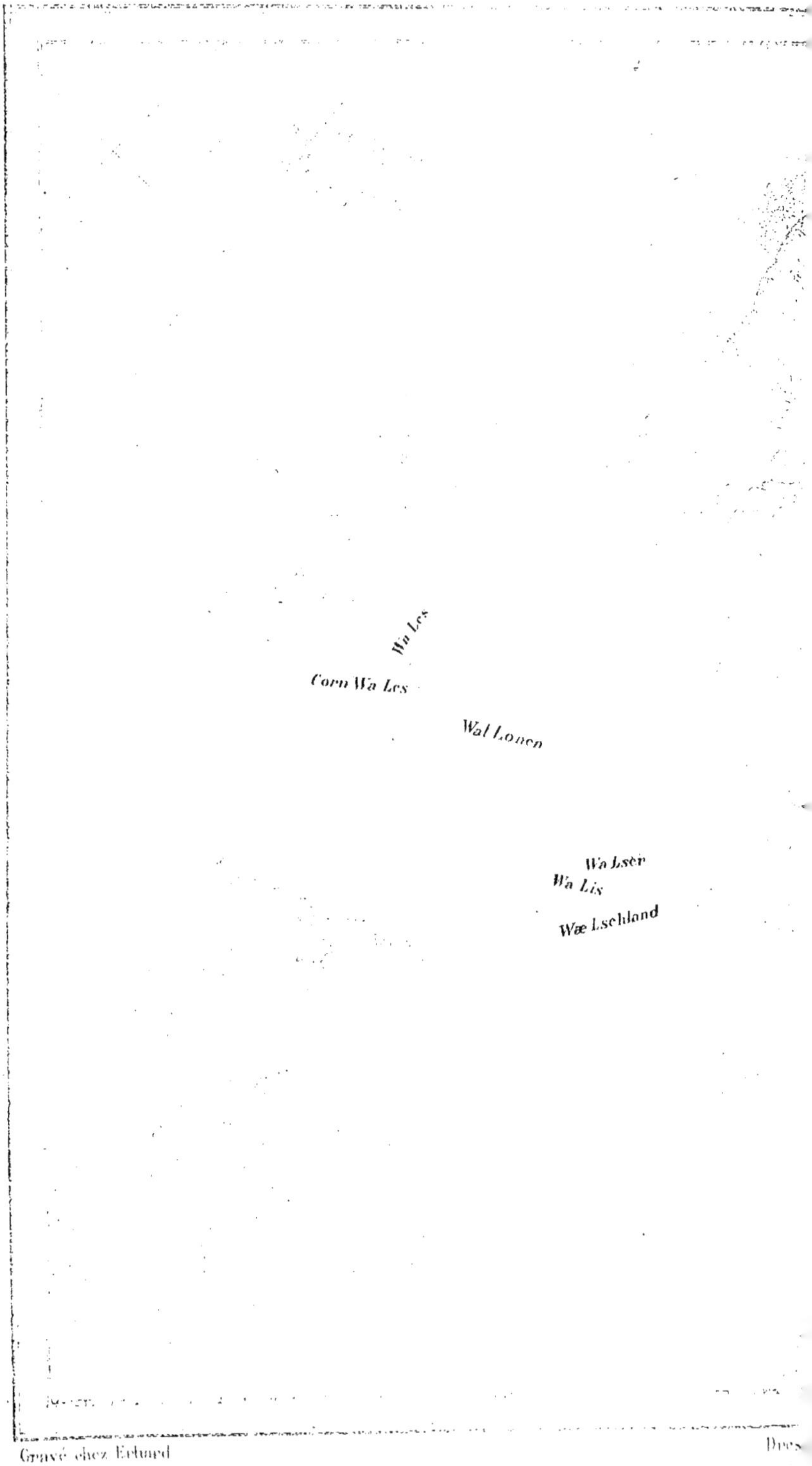

Wa Les

Corn Wa Les

Wal Lonen

Wa Lser
Wa Lis

Wæ Lschland

NE W L S . D'PRÈS M⁅. DE HAUSLAB.
achei
Imp. Monrocq

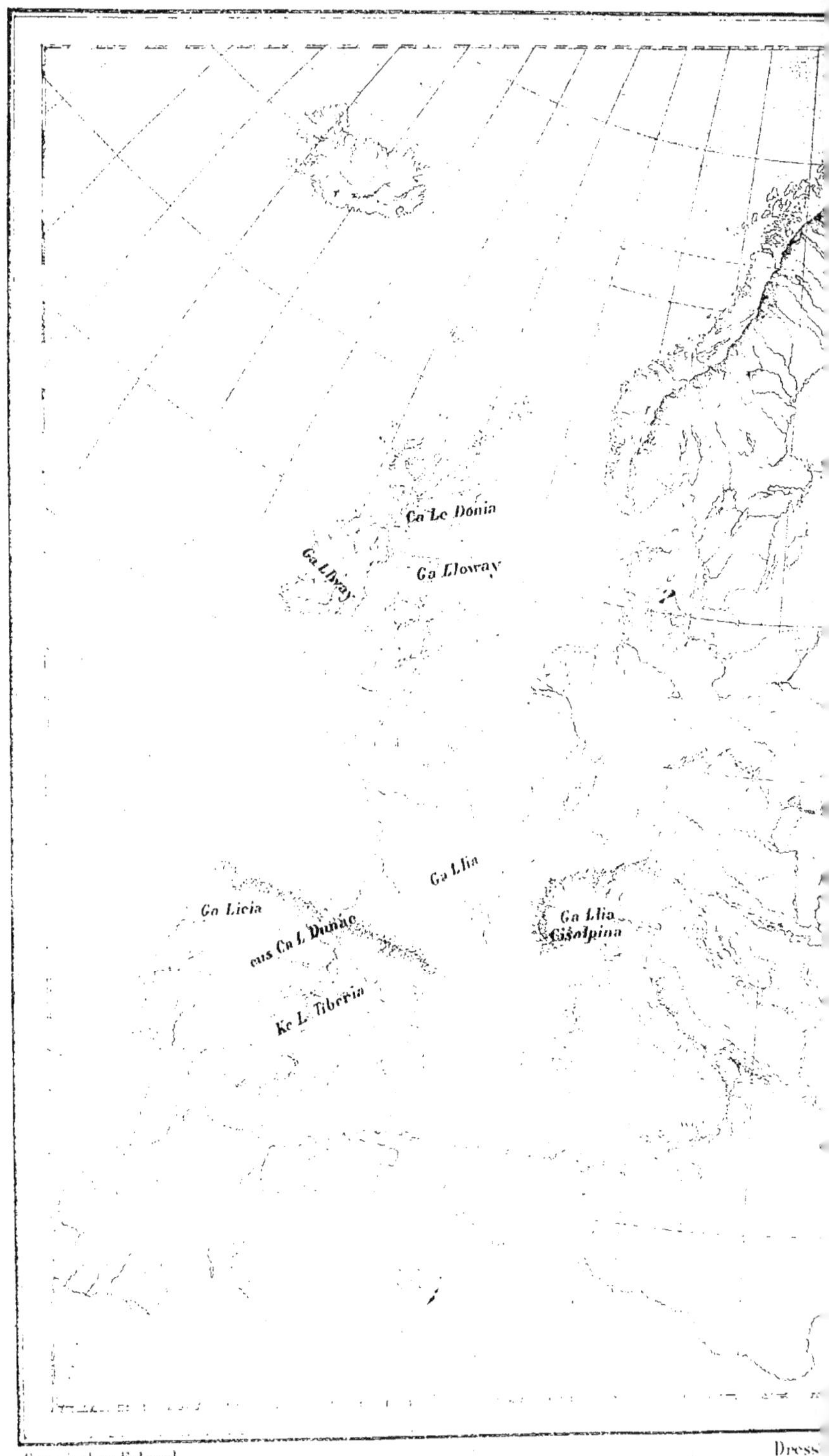

Gravé chez Erhard

Dress

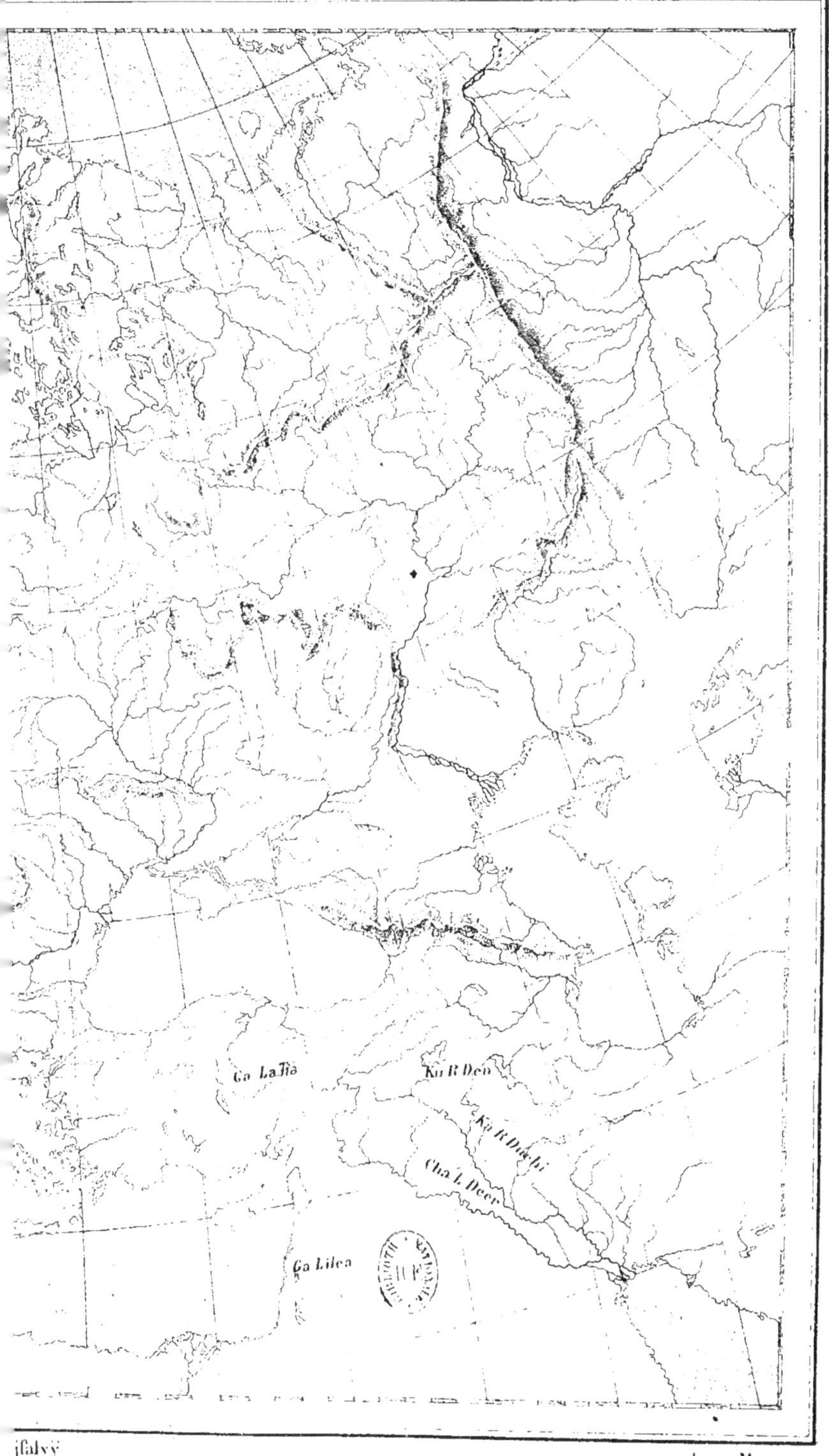

jfalvy

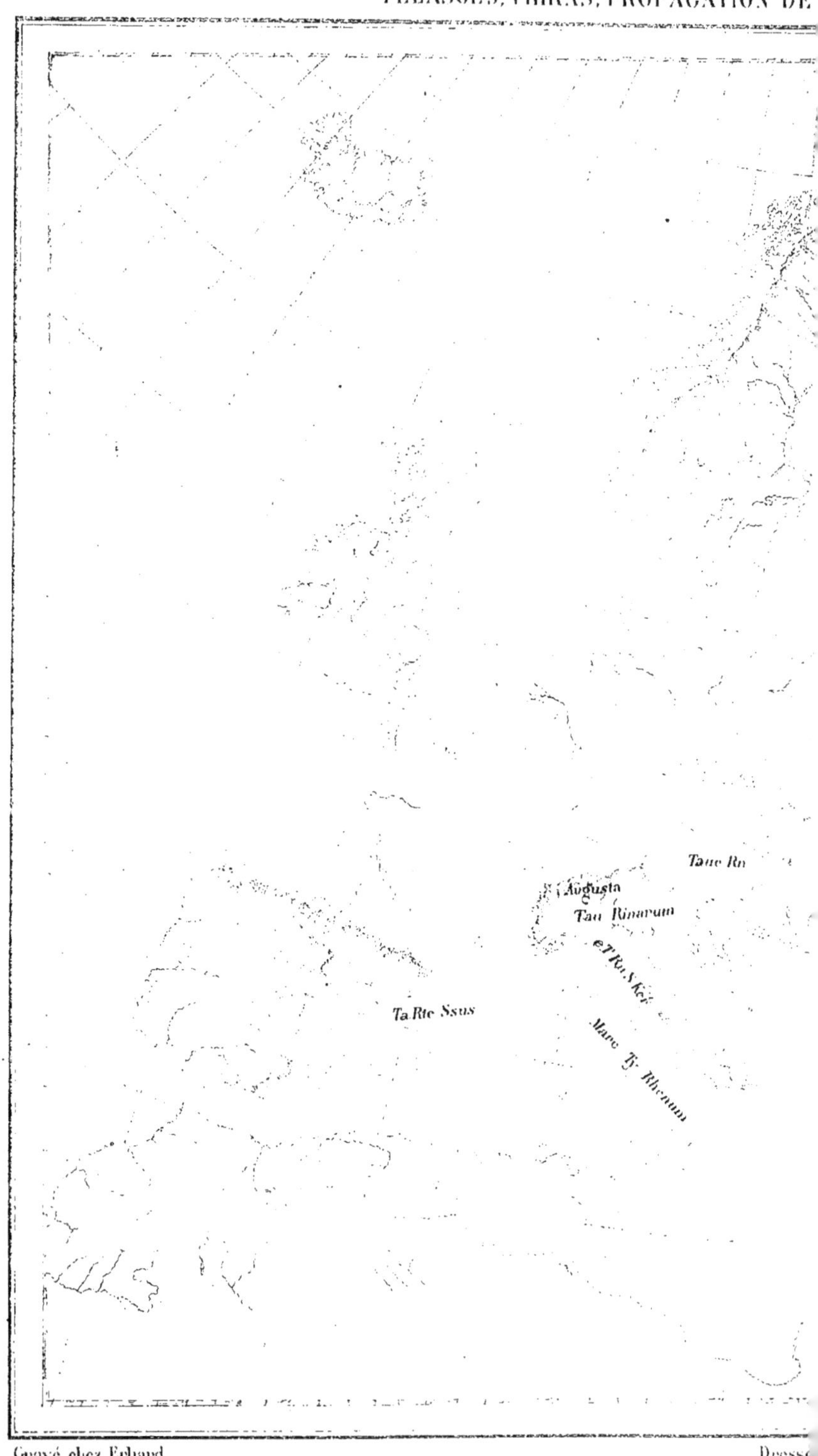

Gravé chez Erhard

Dresse

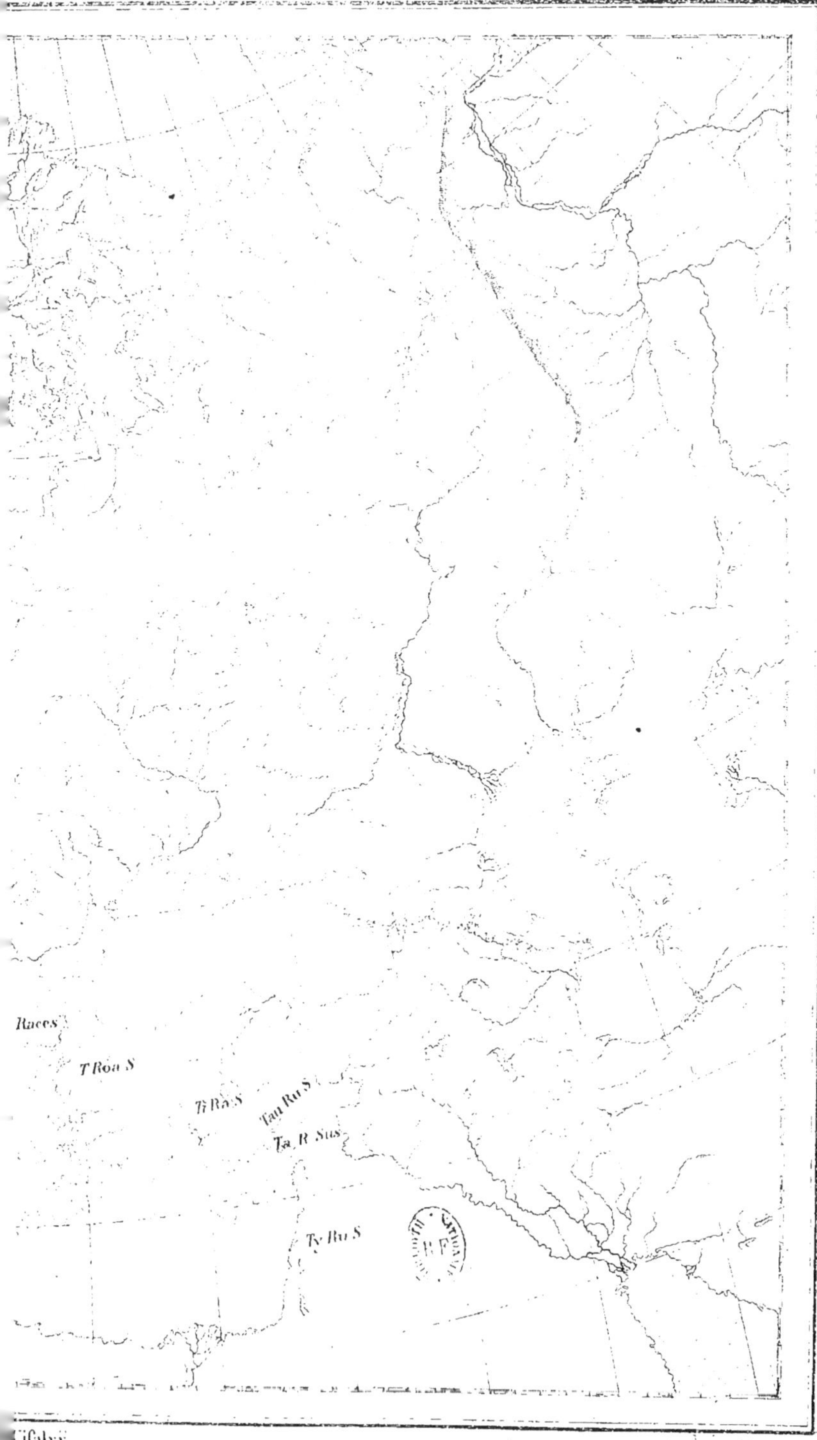

Ujfalvy

Imp. Monrocq

Wa Les

Corn Wa Les

Wal Lonen

Wa Lser
Wa Lis
Wæ Lschland

..NE W.I.S. D'PRÈS Mr. DE HAUSLAB.

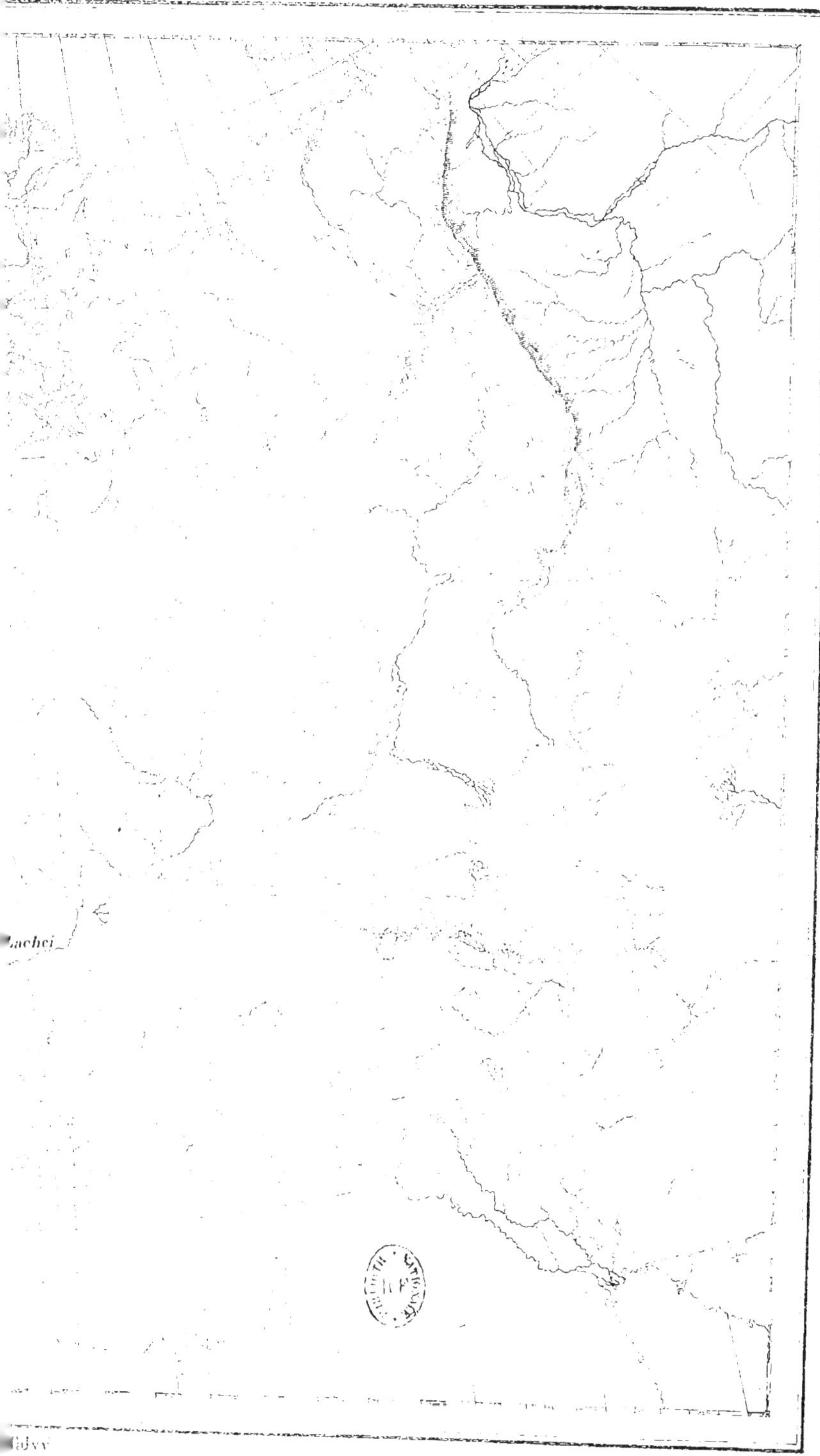
achei
Imp. Monrocq

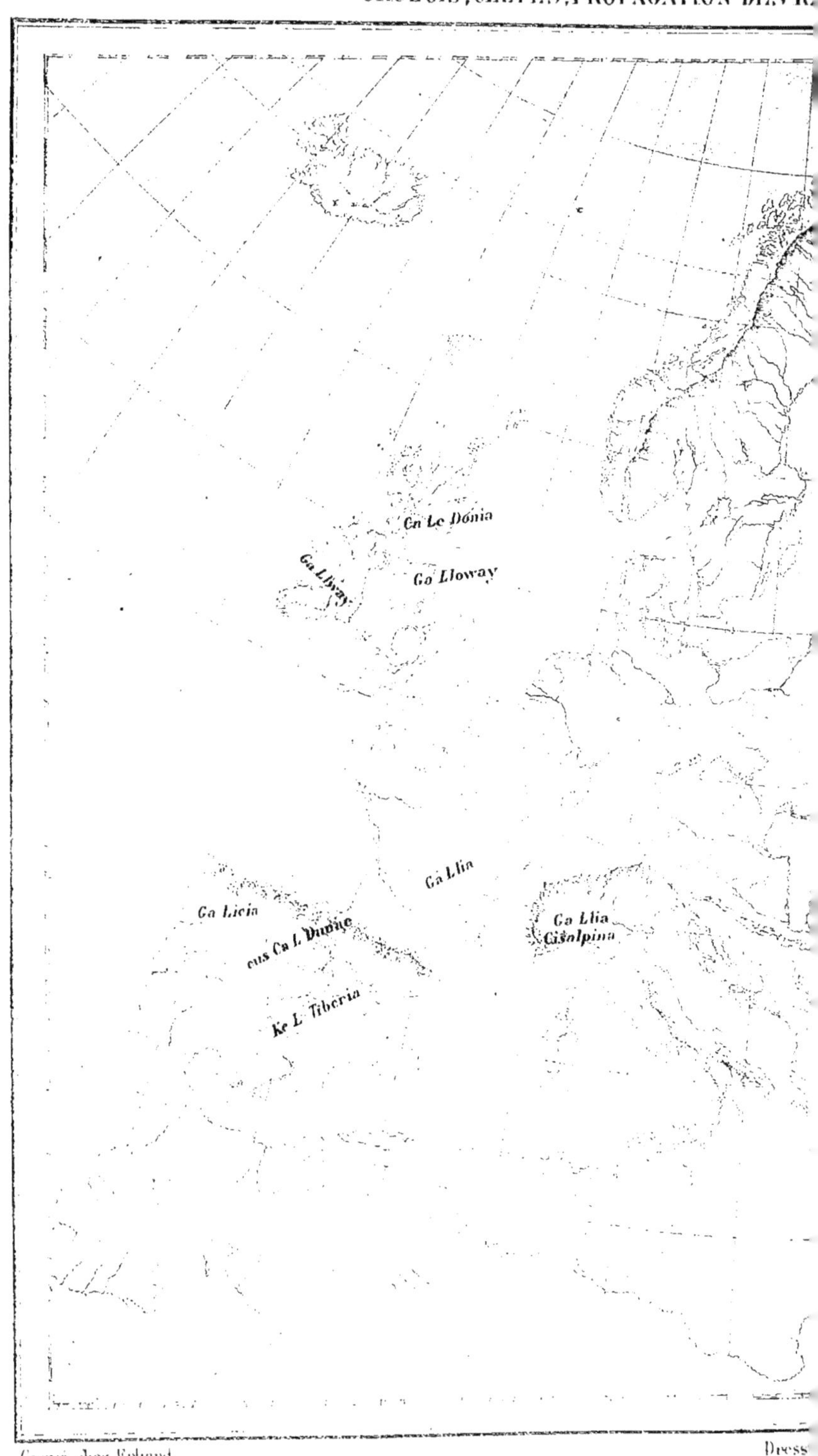

Gravé chez Erhard

Dress

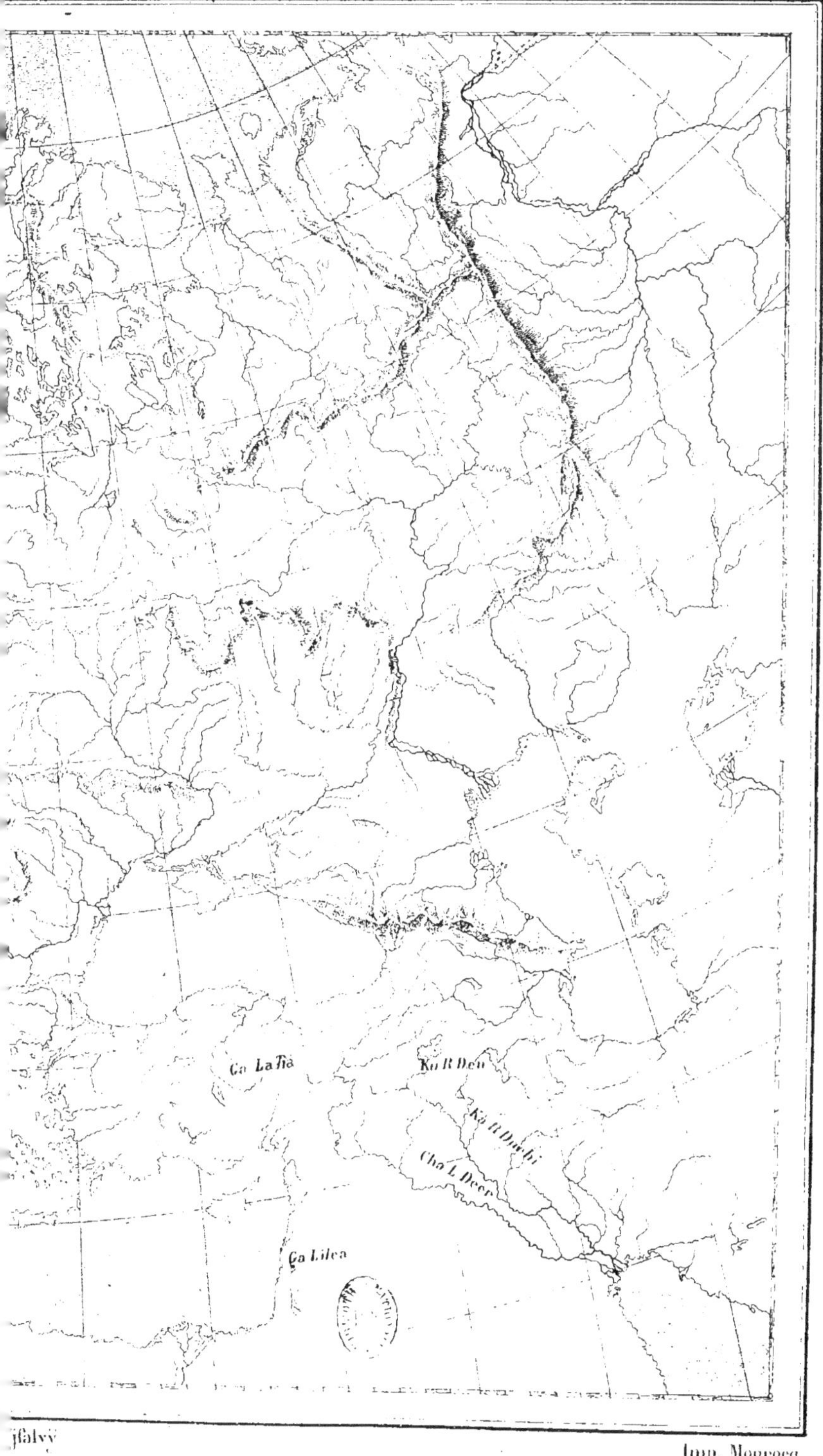
Ca La Tià
Ku R Den
Ku R Daghi
Cha L Deer
Ca Lilea

Gravé chez Erhard

Dress

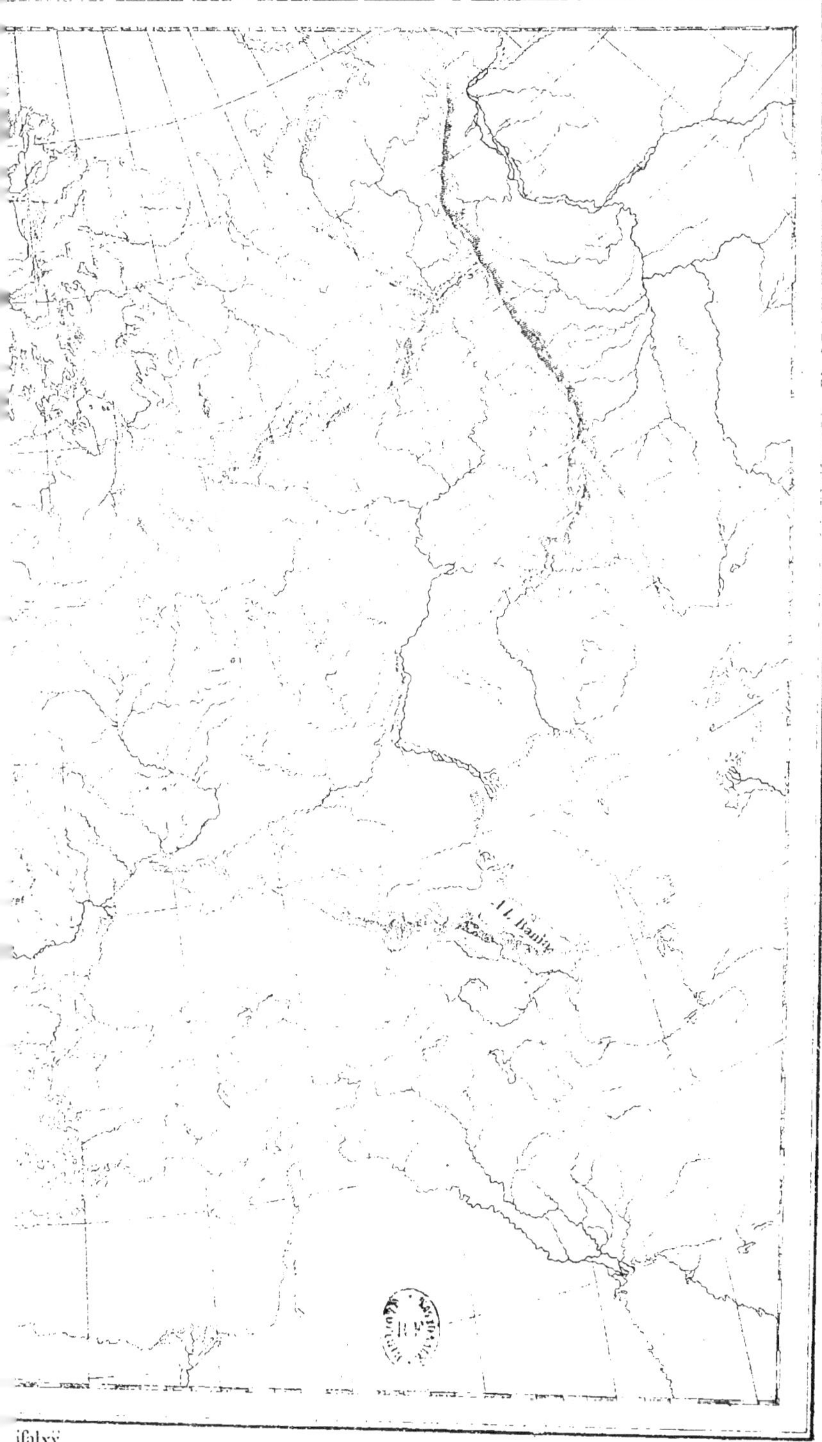
NE A L B. D'APRÈS Mr DE HAUSLAB.
jfalvy
Imp. Monrocq

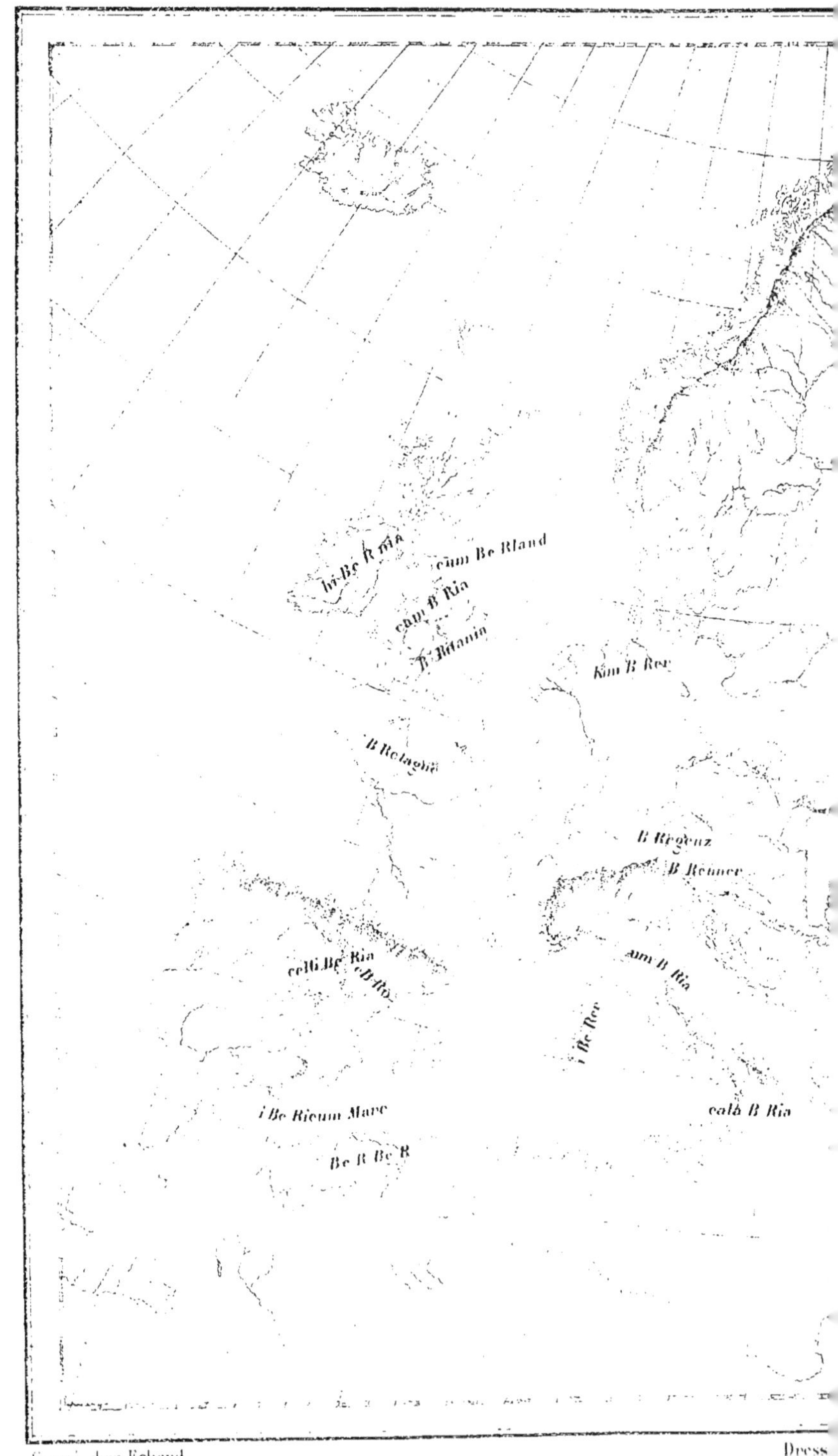
hi Be R ria
cum Be Rland
cam B Ria
B Rdania
Kim B Rer
B Relagha
B Regeuz
B Renner
celti Be Ria
B Ro
am B Ria
i Be Rer
i Be Rium Mare
calb B Ria
Be R Be R

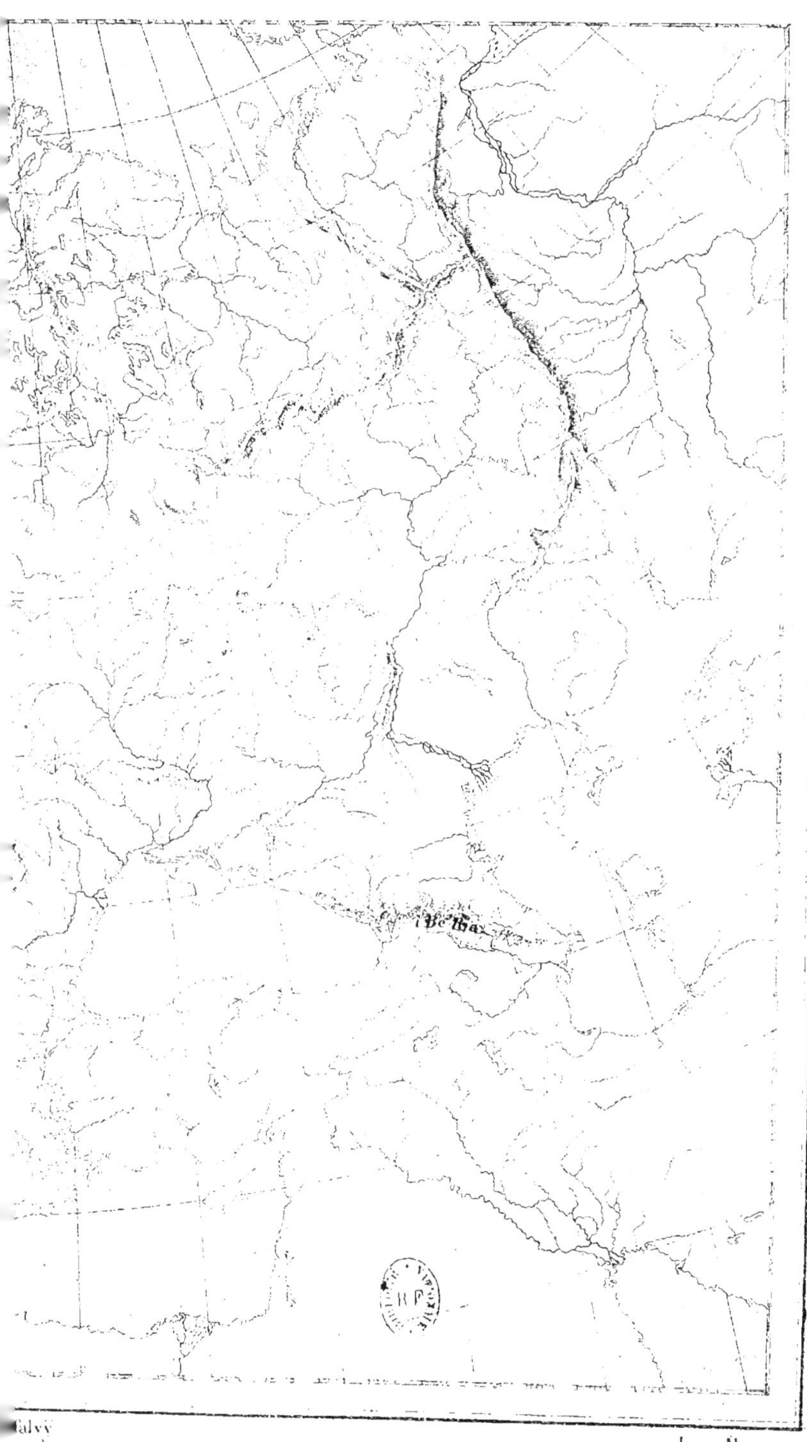
E B R. D'APRÈS Mᵗ DE HAUSLAB
alvy
Imp. Mouroeq

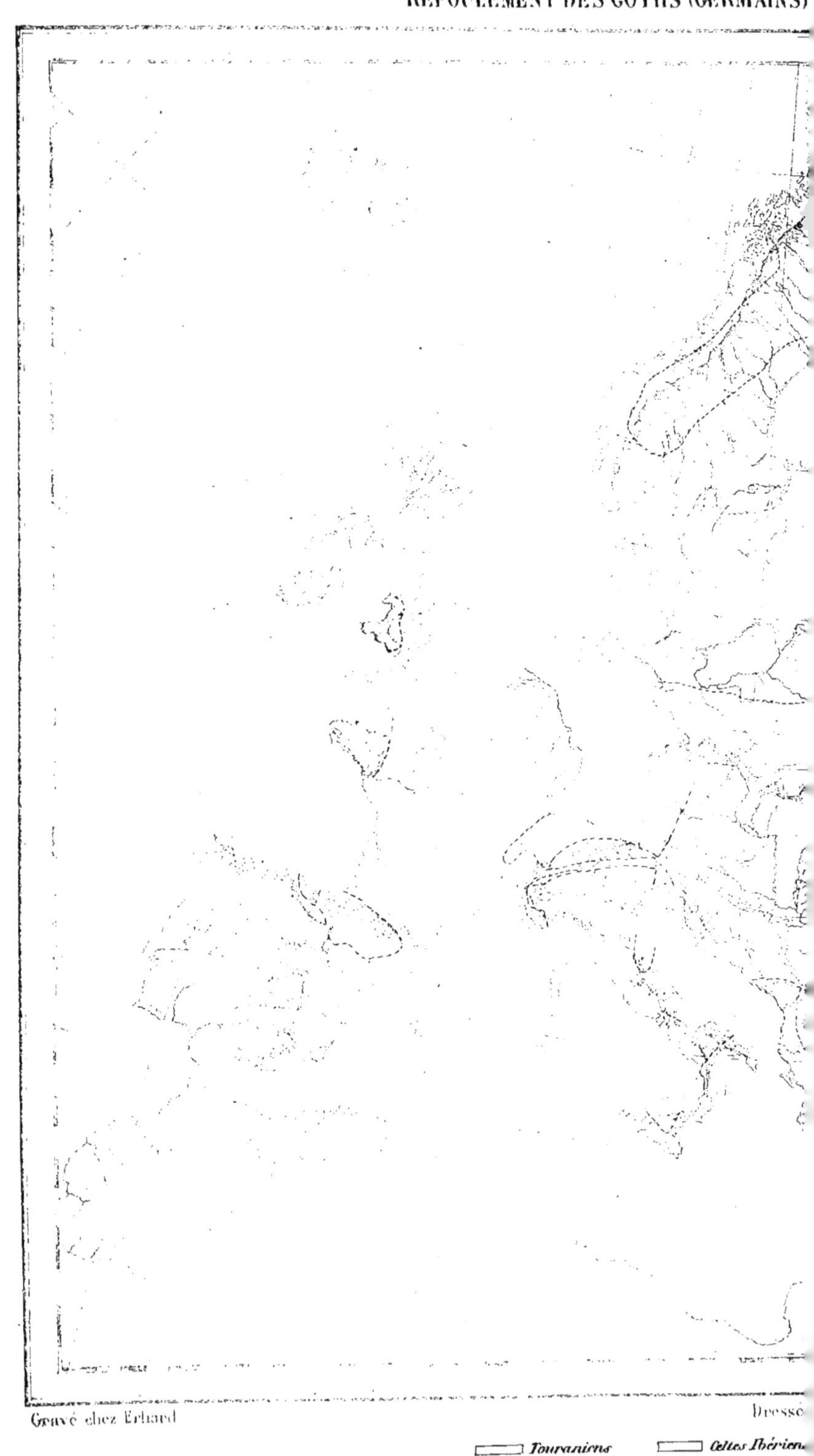
Gravé chez Erhard
Dressé
Touraniens
Ibériens
Celtes Ibériens
Germains

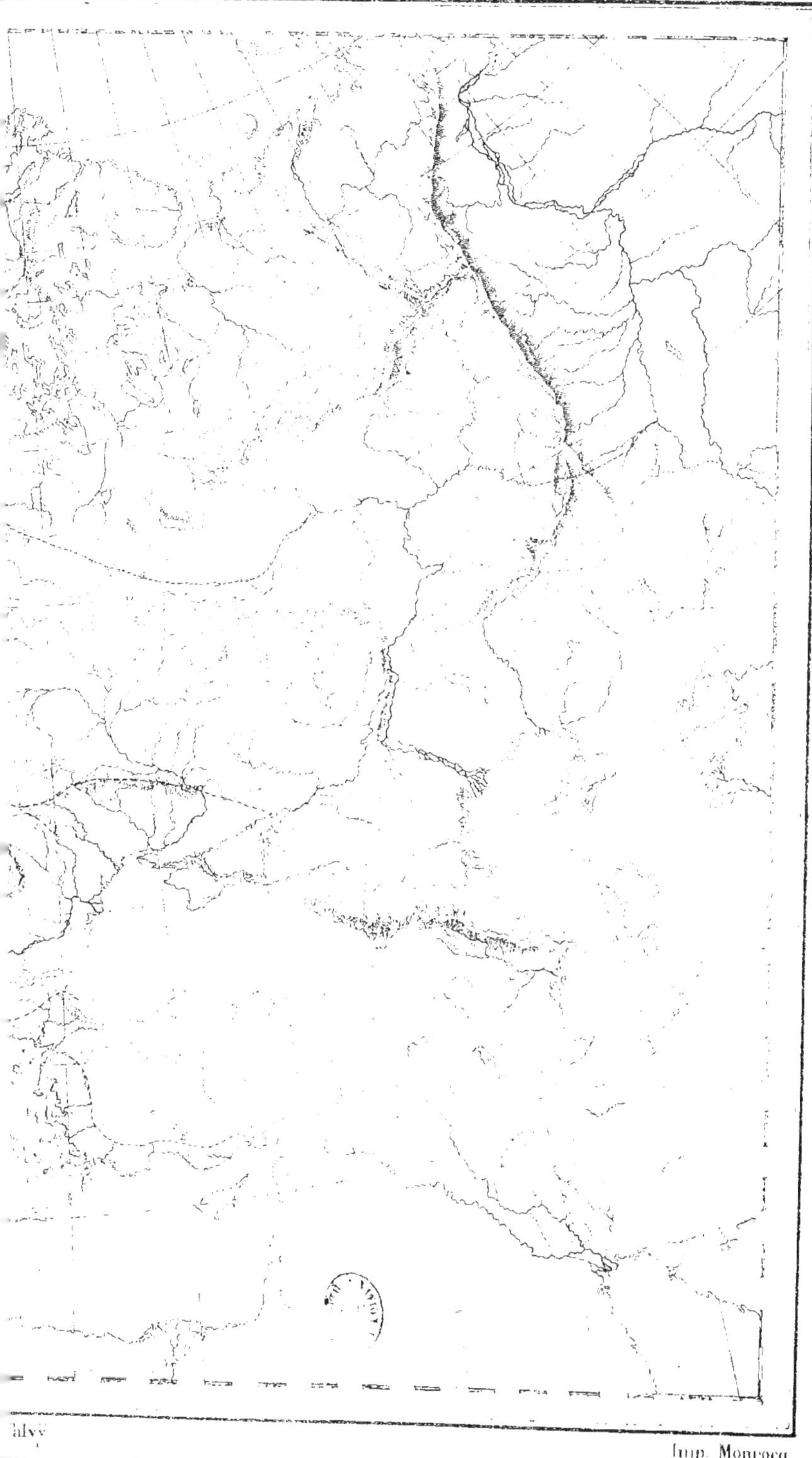

Imp. Monrocq

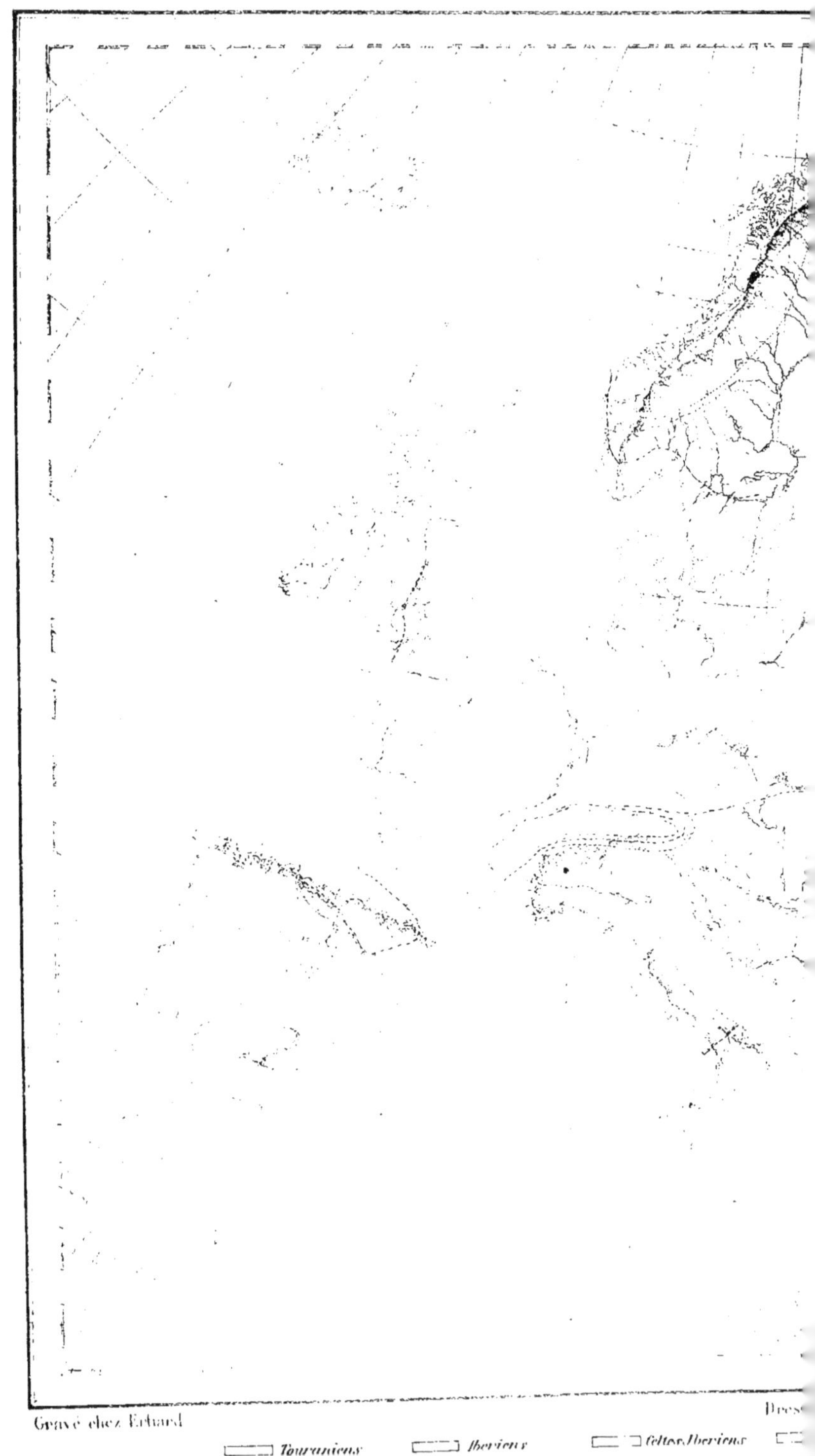
Gravé chez Erhard
Dress
Touraniens   Ibériens   Celtes Ibériens

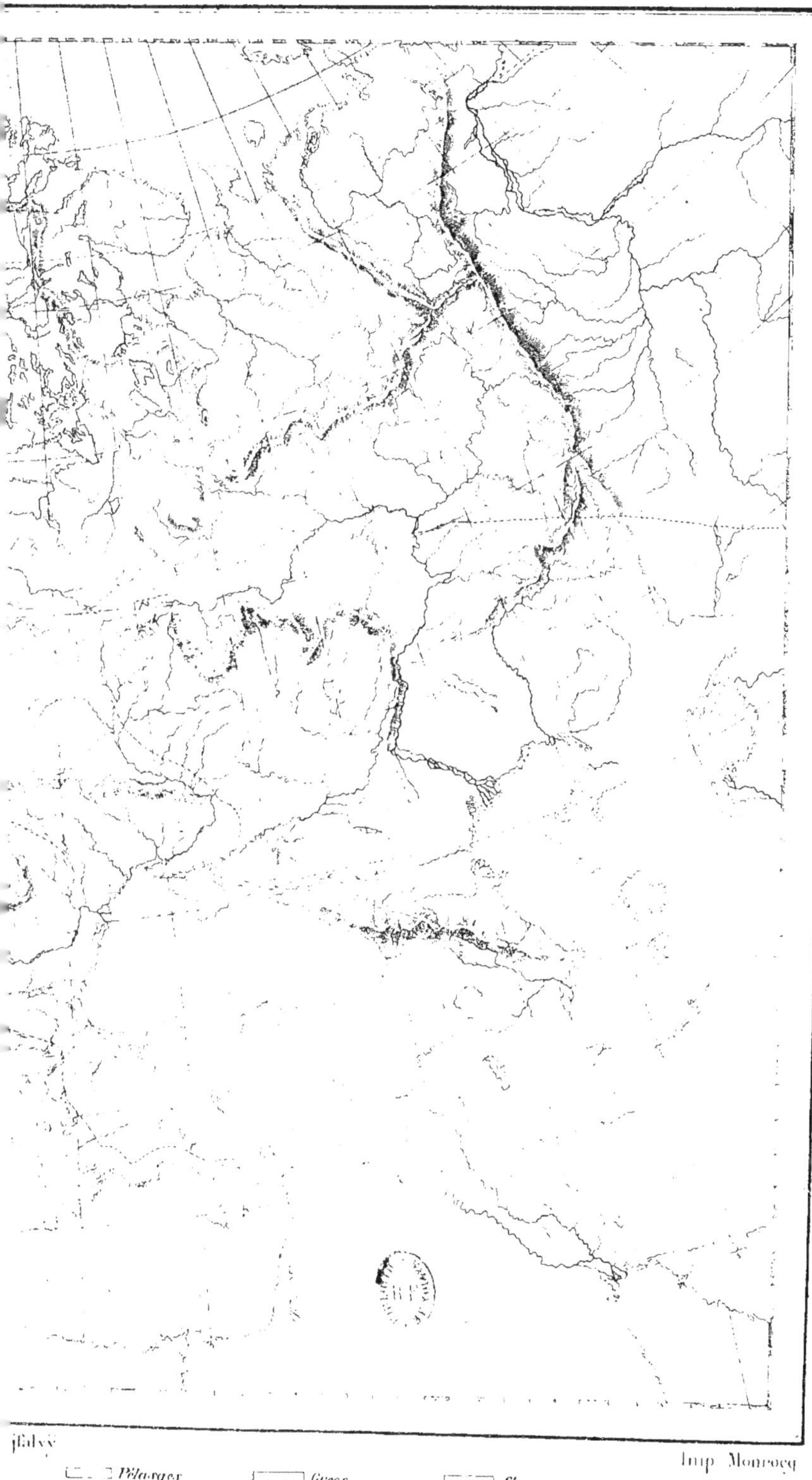

jSalys
Imp Monrocq
Pélasges
Grecs
Slaves

Gravé chez Erhard
Dress
Touraniens
Ibériens
Celtes
Ger

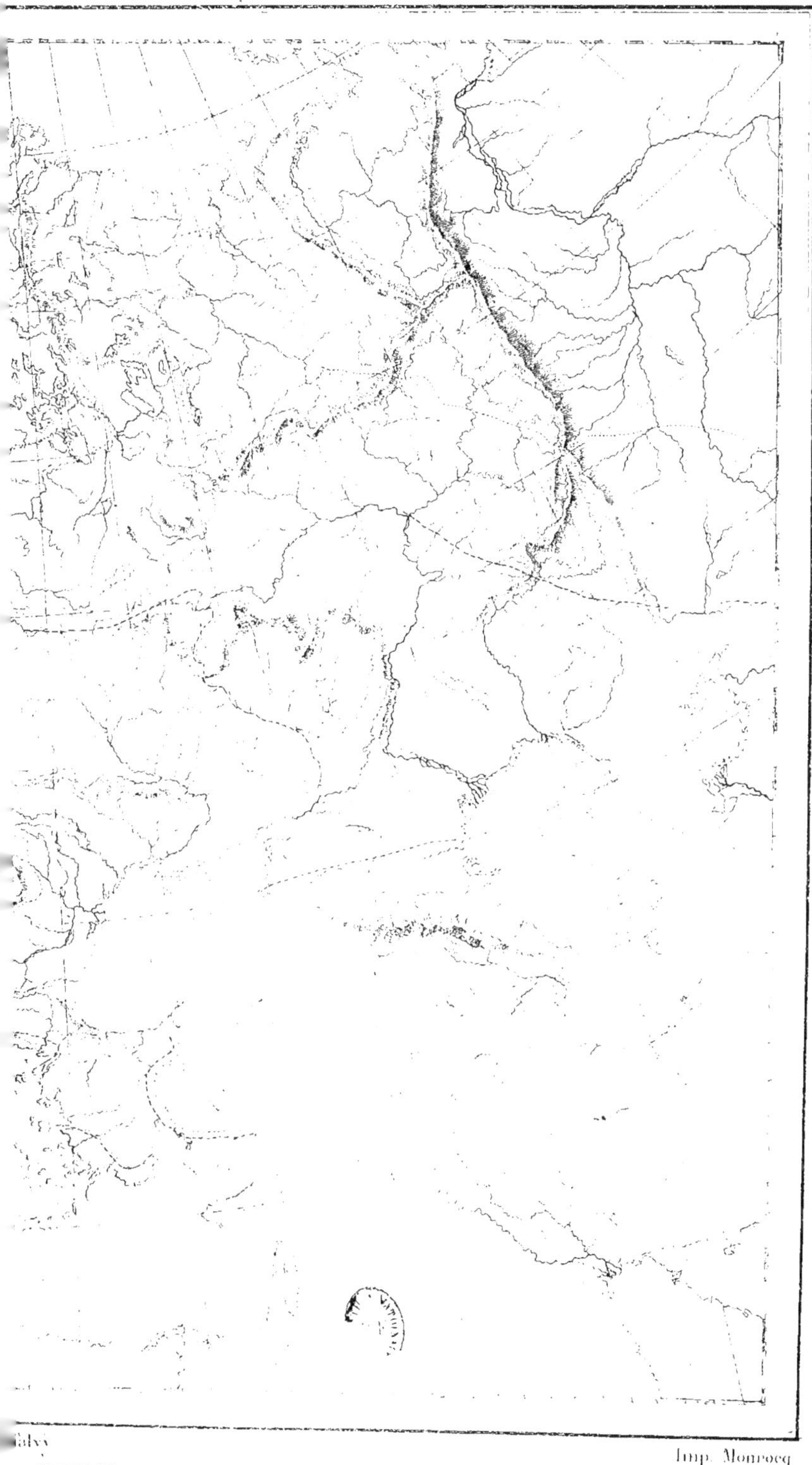

ASGES D'APRÈS M. DE HAUSLAB
Imp. Monrocq
Pélasges
Grecs
Slaves

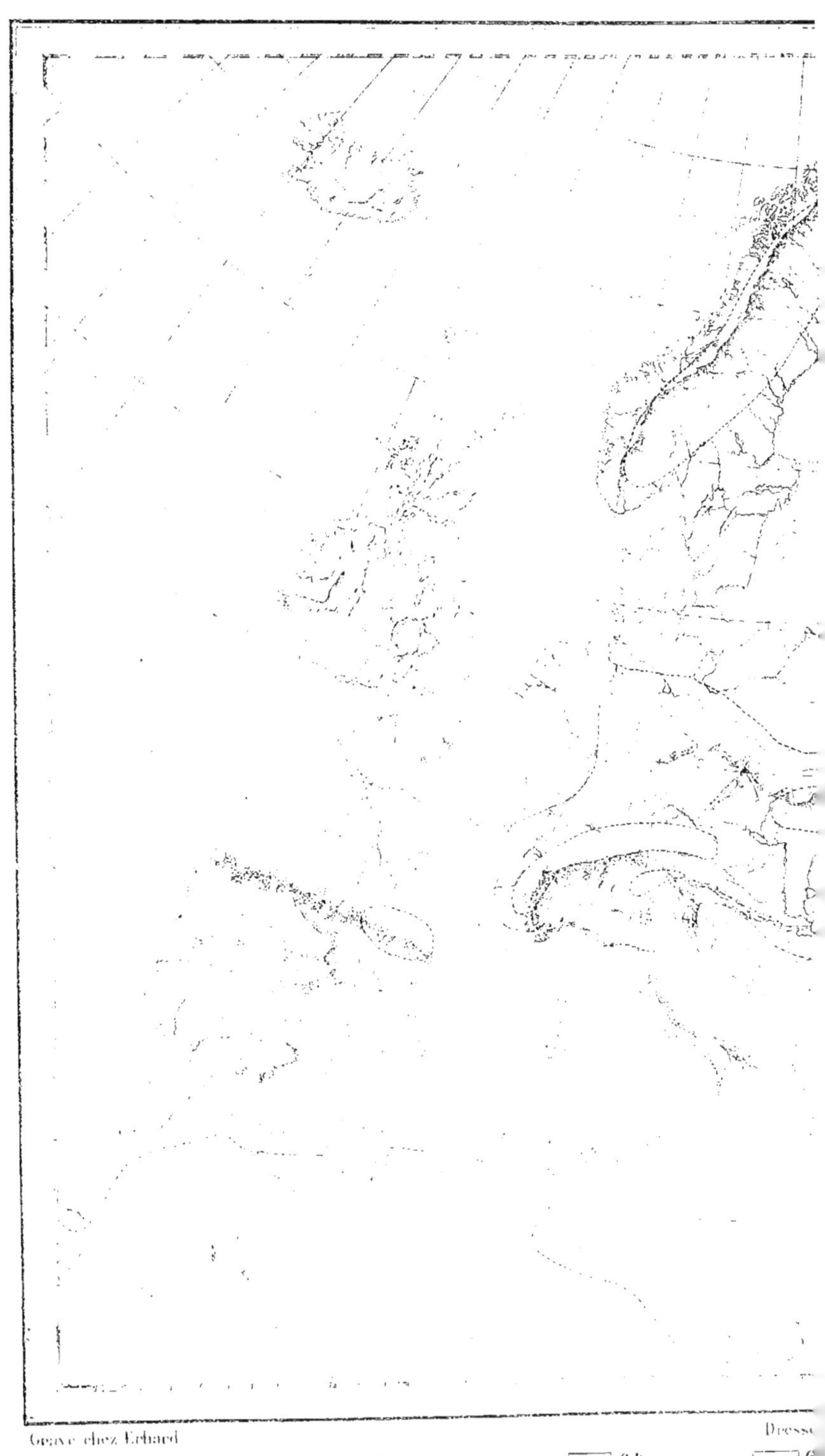
Gravé chez Erhard
Dresse
Touraniens
Ibériens
Celtes
G

Grecs
Pélasges
Slaves
Imp. Mouroeq

Gravé chez Erhard
Press...
Ibériens
Askénas
Riphat

Imp Monrocq

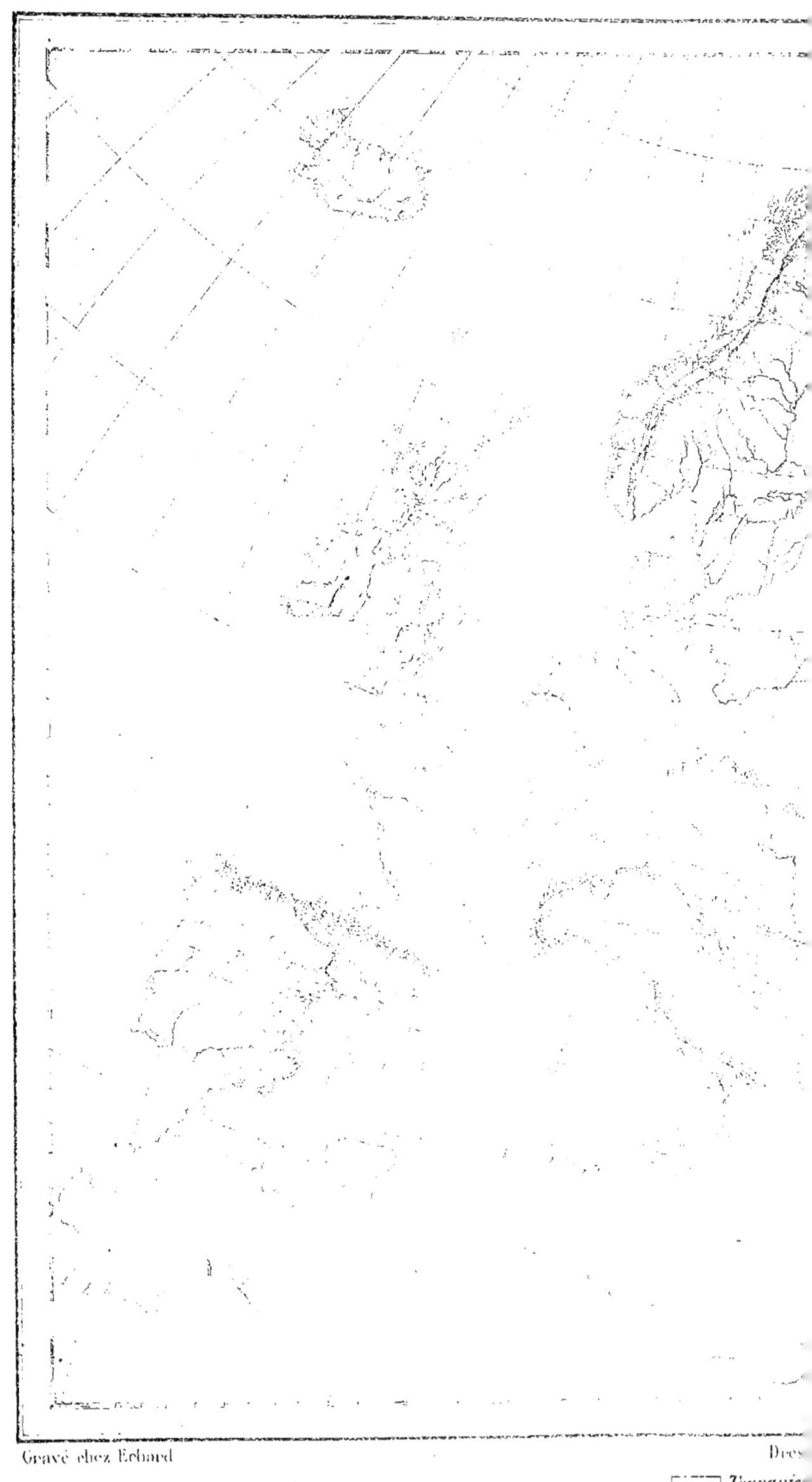

Gravé chez Erhard

Dres

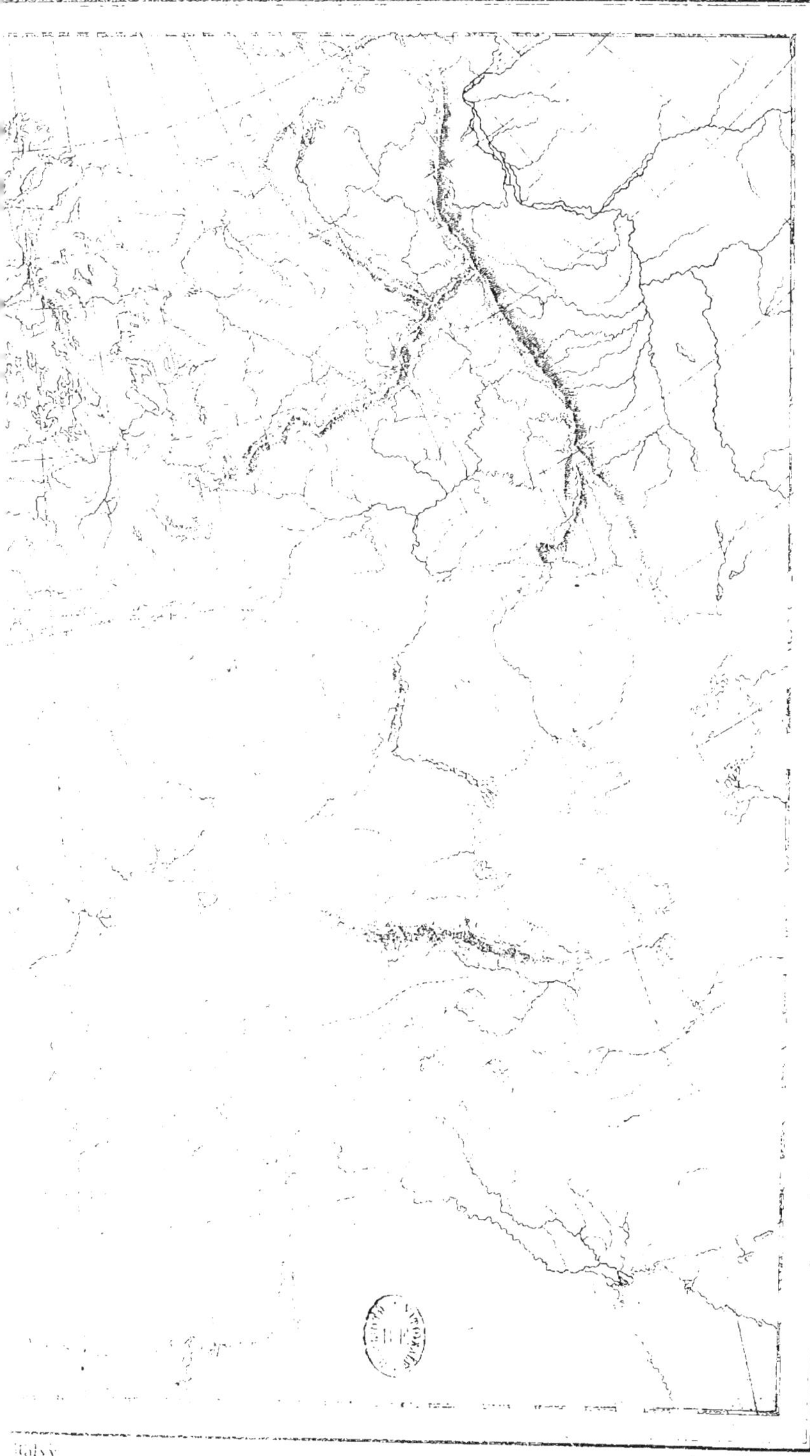

Imp. Monrocq

TABLE DES MATIÈRES.

DEUXIÈME PARTIE.

TROISIÈME PARTIE.

ERRATA.

Page 6, avant-propos. Ligne 7. *Au lieu de* : 1826..., *lisez* : 1846.

Page 19, ligne 1. *Au lieu de* : Agathyoses..., *lisez* : Agathyrses.

Page 34, ligne 12. *Au lieu de* : Slovèses..., *lisez* : Slovènes.

Page 37, ligne 21. *Au lieu de* : Pompoinus Méla les place tout près de la Colchide, dans le Périple de Scylax ; on les retrouve au nord de la Colchide..., *lisez* : Pomponius Méla les place tout près de la Colchide ; dans le Périple de Scylax, on les retrouve au nord de la Colchide.

Page 70, note 2. *Au lieu de* : Schaffařick, Slarische Alterthümer..., *lisez* : Schaffařick, Slavische Alterthümer...

Page 71, note 1. *Au lieu de* : Voir Ptolémée et Agathémée..., *lisez* : Voir Ptolémée et Agathémer.

Page 73, ligne 22. *Au lieu de* : Beorwulf..., *lisez* : Beowoulf.

Page 74, note 1. *Au lieu de* : Beorwulf..., *lisez* : Beowoulf.

Page 84, ligne 16. *Au lieu de* : Que nous trouvons plus tard habitées jadis par les Huns..., *lisez* : Que nous trouvons plus tard dans les contrées habitées jadis par les Huns.

Page 87, ligne 4. *Au lieu de* : Mordonans..., *lisez* : les Mordouans.

Page 92, note 1. *Au lieu de* : 1873..., *lisez* : 1837.

Page 99, ligne 17. *Au lieu de* : Ce peuple habite sur les bords de l'Irtiche de l'Obi..., *lisez* : Ce peuple habite sur les bords de l'Irtiche et de l'Obi.

Page 104. ligne 20. *Au lieu de* : Nous essaierons d'expliquer la manière de voir l'opinion du célèbre philologue magyare..., *lisez* : Nous essaierons d'expliquer la manière de voir du célèbre philologue magyare.

Page 122, ligne 6. *Au lieu de* : Tant que la dynastie slave se maintint sur le trône à Lojang..., *lisez* : Tant que la dynastie de Han se maintint sur le trône à Lojang.

Page 142, ligne 13. *Au lieu de :* Visuels verticaux au-dessus decha que point..., *lisez :* Visuels verticaux au-dessus de chaque point.

Page 146, ligne 22. *Au lieu de :* Prenant un ton doucereux..., *lisez :* Prirent un ton doucereux.

Page 163, ligne 12. *Au lieu de* Lébahim..., *lisez :* Léhabim.

Page 167, note 1, ligne 4. *Au lieu* de : Anfänge der cultur von Tyrol..., *lisez : Anfänge der cultur,* von Tylor.

D'ailleurs cette note devrait se trouver page 166, où elle s'applique au commencement du chapitre : SUR LES MIGRATIONS EN GÉNÉRAL.

Page 169, lignes 2 et 3. *Au lieu de :* Qui le foulera peut-être..., *lisez :* Qui le refoulera peut-être...

Page 180, note 2, ligne 3. *Au lieu de :* Bregnez..., *lisez :* Bregenz.

Page 184, note 1, ligne 5. *Au lieu de :* On trouve encore des Hindous à Baku..., *lisez :* On trouve en effet des Hindous à Baku.

Page 187, ligne 6. *Au lieu de :* (Cimbres)..., *lisez :* (Cimmériens).

Page 187, note 1, ligne 3. *Au lieu de :* Cetlen..., *lisez :* Celton.

Page 192, ligne 14. *Au lieu de :* Les Germains (Askénas, Voir carte n° XXIV)..., *lisez :* Les Germains (Askénas).

Page 193, ligne 4. *Au lieu de :* Et à la mer Baltique..., *lisez :* Et à la mer Baltique[1].

Page 193, ligne 6. *Au lieu de :* Et à Chiwa[1]..., *lisez :* Et à Chiwa[2].

Page 193, ligne 12. *Au lieu de :* L'Islande[2]..., *lisez :* L'Islande[3].

Page 193, ligne 17. *Au lieu de :* La marche d'une armée[3]..., *lisez :* La marche d'une armée.

Page 195, ligne 21. *Au lieu de :* 5° Les Slaves (Magog) voir carte n° XXX..., *lisez :* 5° Les Slaves (Magog).

Page 198, ligne 8. *Au lieu de :* Couches de peuples qui ne sont entassées..., *lisez :* Couches de peuples qui se sont entassées.

Page 198, ligne 15. *Au lieu de :* Lestons[1]..., *lisez :* Lettons[1].

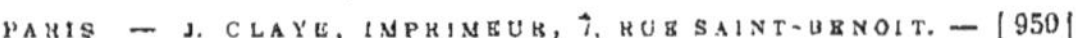

PARIS — J. CLAYE, IMPRIMEUR, 7, RUE SAINT-BENOIT. — [950]